AF564831

कुंभ

आस्था का प्रतीक

कुंभ
आस्था का प्रतीक

मार्गदर्शक

जवाहर लाल कौल

वरिष्ठ पत्रकार

संपादक

संजय चतुर्वेदी

संयोजक : दिव्य प्रेम सेवा मिशन

संकलन

बालकृष्ण शास्त्री

ज्ञान गंगा, दिल्ली

प्रकाशक : ज्ञान गंगा, 205–सी चावड़ी बाजार, दिल्ली–110006
 / संस्करण : 2017 / मूल्य : चार सौ रुपए
मुद्रक : नरुला प्रिंटर्स, दिल्ली ISBN 978-93-82901-58-7

KUMBH : AASTHA KA PRATEEK *Ed.* Sanjay Chaturvedi ₹ 400.00
Published by Gyan Ganga, 205-C Chawri Bazar, Delhi-110006

संपादकीय

विचार अमृत दुनिया को दिशा देने में समर्थ

बारह बरस के बाद महाकुंभ पर्व आया तो सहज ही यह प्रश्न मन में उठना ही था कि यह कुंभ किसका है? साधारण किसान, मजदूर, महाजन, व्यापारी और साधु-संत भी देश के कोने-कोने से आते हैं और गृहस्थ भी। इसलिए स्वाभाविक उत्तर तो यही होगा कि अगर लोग जुटते हैं तो लोगों का ही कुंभ है। निस्संदेह यह भारतीय समाज का ऐसा पर्व है, जिसमें हमें एक ही स्थान पर पूरे भारत के दर्शन होते हैं—लघु भारत एक स्थान पर आकर जुटता है और हम सगर्व कहते हैं कि महाकुंभ विश्व का सबसे विशाल पर्व है। कुंभ की ऐतिहासिक परंपरा में देश व समाज को सन्मार्ग पर लाने के लिए ऋषियों, महर्षियों के विचार सदैव आदरणीय और उपयोगी रहे हैं। आर्यावर्त के पुराने नक्शे में शामिल देश भी तब महाकुंभों में एकत्र होकर समाज के जरूरी नीति-नियमों को, तत्कालीन शासकों को जानने के लिए ऋषियों की ओर देखते थे और उसके पालन के लिए प्रेरित होते थे। हर बारह वर्ष बाद देश के विभिन्न स्थलों पर शंकराचार्यों के नेतृत्व में हमारे मनीषी देश की नीति और नियम को तय कर समाज संचालित करते थे। ये नियम सनातन परंपरा को अक्षुण्ण रखने के साथ-साथ समय की माँग के अनुसार भी बनते थे।

इस बार भी हरिद्वार में महाकुंभ के अवसर पर देश भर के शंकराचार्य, महामंडलेश्वर, साधु-संन्यासी वैदिक विचार-विनिमय के लिए जुटे। हमारा मानना है कि अखाड़ों, साधु-संन्यासियों, शंकराचार्यों और भौतिक दुकानों के

इस महाकुंभ में विचारों का कुंभ लगना स्वाभाविक था। आज देश के समक्ष वैश्विक और आंतरिक चुनौतियाँ सिर उठा रही हैं, सवालों की झड़ी लगी है, मगर जवाब नदारद है। हमारे पास मेधा है, जिससे हम अपनी समस्याओं का समाधान ढूँढ़ सकते हैं। 'दिव्य प्रेम सेवा मिशन' की दृढ़ मान्यता है कि हमारी मेधा न सिर्फ अपनी बल्कि पूरी दुनिया का मार्गदर्शन करने में समर्थ है। इसी विश्वास से प्रोत्साहित होकर 'दिव्य प्रेम सेवा मिशन' ने बारह वर्ष के अंतराल पर आए कुंभ पर विचारों का मंथन कराने का निर्णय लिया। पहले के समुद्र-मंथन में एक अमृत कलश को ढोनेवाले अकेले गरुड़जी थे। उनके द्वारा चार स्थानों पर छलकाए गए अमृत से आज पूरा देश संतृप्त हो रहा है। हमारे पास विचार रूपी कलशों को ढोनेवाले विचार-अमृत पूरी दुनिया को दिशा देने में समर्थ होंगे।

आज मानव समाज के सामने जो समस्याएँ चुनौती बनकर खड़ी हैं, उनमें आतंकवाद, भ्रष्टाचार, हिंसा और देशद्रोह के समान मानव को जर्जर कर देनेवाली समस्या है पर्यावरण प्रदूषण। प्राकृतिक जीवन-शैली का परित्याग, अंधाधुंध औद्योगिकीकरण, ऐशो-आराम के लिए वातानुकूल यंत्रों का प्रयोग, सड़क निर्माण आदि के नाम पर हजारों वृक्षों की कटाई, आवश्यकता से अधिक स्कूटर, मोटरसाइकिल, कार आदि का प्रयोग, दूषित खान-पान, खाद्यान्नोत्पादन की मात्रा बढ़ाने के लिए रासायनिक खाद का प्रयोग आदि ऐसे कारण हैं, जिनसे प्रकृति का संतुलन बिगड़ रहा है, प्रदूषण बढ़ रहा है, कभी-कभी तो श्वास लेना भी कठिन जान पड़ता है। आज से 20 वर्ष पहले तक 'प्रकृति असंतुलित हो रही है', यह बात आम आदमी को प्रयासपूर्वक समझानी पड़ती थी, क्योंकि यह विषय तब तक थोड़ा वैज्ञानिक मुद्दा होता था, परंतु निकट वर्ष में चाहे वर्षा की कमी व अनिश्चितता हो, चाहे बढ़ती गरमी एवं ऋतु असंतुलन या हवा, मिट्टी, पानी में प्रदूषण, चाहे कीटनाशक दवाइयों का जहर, सूखती नदियाँ हर आदमी और जीव झेल रहा है। ऐसे में धरती की बीमारी से चिंतित वैज्ञानिक सलाह देते फिरते हैं कि धरती खत्म हो जाएगी। रहने के लिए दूसरे ग्रह की तलाश की जाए, एक तो यह अभी

उपलब्ध नहीं, यदि संयोग से ऐसी कोई धरती मिली तो वहाँ जाएगा कौन? आम आदमी या केवल कुछ अमीर लोग। जो समस्या सभी मनुष्य (ज्यादा या कम) ने पैदा की है, उसका समाधान भी आम आदमी ही करेगा। ऐसा सर्व सामान्य व्यक्ति सोच रहा है।

हमारे पूर्वज प्रकृति के समीप रहते थे, भरपूर शारीरिक परिश्रम करते थे; आसन, प्राणायाम और ध्यान आदि से शरीर के साथ-साथ मन को भी निर्मल बनाए रखते थे। सद् ग्रंथों के स्वाध्याय, सत्पुरुषों की संगति से हृदय और मस्तिष्क को उत्तम संस्कारों तथा भव्य भावों से परिपूर्ण रखते थे। वट, पीपल, नीम, तुलसी आदि के वृक्ष लगाकर धरा को हरा-भरा रखते थे। वृक्ष लगाकर उनका पालन-पोषण एवं संवर्धन पुत्र पालन से भी अधिक पुण्यप्रद और कल्याणकारी माना जाता था। वृक्ष काटना बहुत बड़ा पाप था। प्रकृति की गोद में, वृक्षों की छाया में, लताओं के मध्य, भगवान् श्रीराम, गौतम बुद्ध, स्वामी विवेकानंद, जगद्गुरु शंकराचार्य, महर्षि दयानंद इत्यादि महापुरुषों ने सत्य एवं ईश्वर का साक्षात्कार किया था। जिसने राजमहल छोड़े और वन का आश्रय लिया, वही महामानव बनकर इतिहास के पन्नों में अमर हो गया।

बंधुओ! हिमालय और गंगा विश्व में सर्वश्रेष्ठ हैं, हमें इन दोनों की अनंत कृपा प्राप्त है। हम भाग्यशाली हैं। प्रत्येक बारह वर्ष बाद महाकुंभ में करोड़ों श्रद्धालु इस तीर्थ नगरी में गंगास्नान कर पुण्यार्जन हेतु आते हैं, लेकिन 2010 का कुंभ विदा होते-होते हरिद्वारवासियों को कुछ कह गया। वृक्षों के अभाव में कुंभ के समय पांडाल धू-धूकर जलते रहे; वृद्ध, महिलाएँ और बच्चे धूप में कष्ट पाते रहे, अभी से कुछ ऐसा करो कि आनेवाले कुंभ तक सारा कुंभ क्षेत्र, संपूर्ण हरिद्वार वृक्षों से ऐसा हरा-भरा हो जाए कि हरिद्वार आनेवाले श्रद्धालु माँ गंगा की शीतलता के साथ-साथ वृक्षों की शीतलता का भी आनंद लें। वे यहाँ से प्रेम और पर्यावरण रक्षा का संदेश लेकर जाएँ। ऐसे जनता जनार्दन की आवाज को पहचानकर 'दिव्य प्रेम सेवा मिशन', प्रकृति प्रेमी संस्थाओं एवं व्यक्तियों ने हरिद्वार की धरती से आम जन को प्रेरित व उत्साहित करने के लिए 'हरित भारत अभियान' का शुभारंभ किया है, जो

कुंभ क्षेत्र को हरित क्षेत्र में रूपांतरित कर एक उदाहरण प्रस्तुत करना चाहता है। क्योंकि आज शब्दवीर की नहीं, समस्या के समाधान के लिए कर्मवीर की आवश्यकता है।

कुंभ-मंथन में आए विचारों के प्रति संतों, बुद्धिजीवियों और सहयोगियों के आग्रही सुझाव कि उक्त विचार-मंथन को पुस्तक के रूप में प्रकाशित किया जाए, जो एक धरोहर होगी। सबकी इच्छा को आदेश मानकर इस गुरुतर दायित्व को हमने स्वीकार किया। निश्चित रूप से इस गंभीर प्रकाशन के संपादन में हमसे कुछ त्रुटियाँ हुई होंगी। इस हेतु मैं सभी से विनम्रतापूर्वक क्षमा-याचना करता हूँ। मुझे आशा एवं विश्वास है कि आपका इसी प्रकार सहयोग और आशीर्वाद प्राप्त होता रहेगा, तो हम इस श्रृंखला को आगे बढ़ाते रहेंगे।

—संजय चतुर्वेदी

संयोजक : दिव्य प्रेम सेवा मिशन

अनुक्रम

खंड-ख

विद्या, विधान और विचार

कुंभ की प्रासंगिकता

कुंभ की प्रासंगिकता

—जगद्गुरु शंकराचार्य स्वामी वासुदेवानंद सरस्वतीजी महाराज
(ज्योर्तिमठ, बद्रिकाश्रम)

कुंभ पर्व के संबंध में कई शब्दों का प्रयोग होता है। कभी महाकुंभ आया है, कभी कुंभ पर्व ही है। देवासुर संग्राम के समय समुद्र मंथन को लेकर देवताओं और दैत्यों में संघर्ष हुआ। उस संघर्ष काल में अमृत कलश जहाँ-जहाँ रखा गया, जो मुहूर्त उस समय उपस्थित था उस मुहूर्त के आने पर चारों स्थानों पर दक्षिण में नासिक, उज्जैन, प्रयागराज, हरिद्वार में कुंभ पर्व पड़ता है। इस महात्म्य से हमारे, पूर्वाचार्यों ने सारे देश की संस्कृति को एक सूत्र में बाँधने का प्रयास किया था। चाहे दक्षिण का हो, चाहे उत्तर का हो, चाहे पूर्व का हो, चाहे पश्चिम का हो—राजनैतिक सत्ता अपने-अपने काल में इन कुंभों की व्यवस्था बनाकर समाज की सेवा करती आई है। भगवान् शंकराचार्य ने इस परंपरा को आगे बढ़ाने का कार्य किया है। शंकराचार्य साक्षात भगवान् शंकर हैं और भगवान् व्यास साक्षात् श्रीकृष्ण हैं। हमें अपने इन महापुरुषों के प्रति समादर का भाव व्यक्त करते हुए शब्दों का प्रयोग करना चाहिए। भगवान् शंकराचार्य ने भी इन कुंभों से संबंध चारों दिशाओं में चतुष्पीठ की स्थापना की। उत्तर में ज्योतिर्पीठ, दक्षिण में शृंगेरी पीठ, पूरब में गोवर्धन पीठ और पश्चिम में शारदा पीठ। उन पर अपने शिष्यों को प्रतिष्ठित करके धार्मिक जागृति को बनाए रखने का दायित्व प्रदान किया। इस परंपरा को भी दायित्व दिया कि पूरे भारत के लोगों को एक सूत्र में बाँध करके

वैदिक सनातन धर्म की मर्यादा के अंतर्गत प्रतिष्ठित रखें। जागृति बनाए रखें। कुंभ पर्वों को मानने का तात्पर्य सामाजिक एकता से जुड़ा है। हमारे समाज को अपनी संस्कृति के साथ-साथ अपने देश की भौगोलिकता, सामाजिकता, ऐतिहासिकता और उसके समन्वय का बोध हो और आपस में सभी लोग अपने विचारों का आदान-प्रदान कर सकें।

मैं वैसे तो सन् 1954 से कुंभ को देख रहा हूँ, लेकिन सन् 1960 से सक्रिय रूप से देख रहा हूँ। मैंने बासठ का कुंभ पहले यहाँ किया, लेकिन सच पूछो तो कुंभ पर्व मनाने का आज ही समय उपस्थित हुआ है। केवल स्नान कर लेने से कुंभ पर्व का उद्देश्य पूरा नहीं होता, जब तक वैचारिक आदान-प्रदान न हो। महर्षि भारद्वाज प्रत्येक वर्ष प्रयाग में माघ मकर के अंतर्गत रहते हुए याज्ञवल्क्यादि ऋषियों को उपस्थित करके सामाजिक विवेचना करा कर समाज को एक नई दिशा दिया करते थे। रामचरितमानस में याज्ञवल्क्य के संबंध का एक मूर्तवान स्वरूप है। कुंभ पर्व पर स्नान हो जाना चाहिए और आगामी वैशाख कृष्ण अमावस्या, वैशाखी पर्व, मेष संक्रांति का और तारीख में चौदह तारीख वह मुहूर्त तो एक दिन का है। परंतु यह तीन-चार महीने से जो मुहूर्त में हम लोगों ने व्यवस्था करके इतना बड़ा प्रबंध किया है, वह किसलिए हुआ है। लगता है कि पहले से प्रकृति ने निश्चय किया होगा कि वर्तमान सदी के प्रारंभ में यह विचार गोष्ठी हो और कुंभ पर्व के महत्त्व को विचार के द्वारा समाज तक प्रकाशित किया जाए। सिर्फ स्नान करके चले गए, उतने से ही कुंभ पर्व संपन्न नहीं हुआ। जब तक विचारों का आदान-प्रदान नहीं किया जाए, तब तक कुंभ पर्व की पूर्ति नहीं होती है। बहुत कहने की आवश्यकता नहीं, यह कहना पड़ेगा कि इस प्रकार का प्रबंध सन् बासठ से आज तक नहीं हुआ। बासठ में मैं ब्रह्मचर्य अवस्था में यहाँ रहा उसके बाद सन् अड़सठ में अर्द्धकुंभ में भी रहा, चौहत्तर में भी रहा, अस्सी में भी रहा, छियासी में भी रहा और अट्ठानवे में भी रहा और आज भी हूँ। ऐसा प्रबंध पहले नहीं था। प्रबंध तो अच्छा है, लेकिन प्रबंध का निरीक्षण भी हमारे अधिकारी करें तो ज्यादा अच्छा रहेगा। बारह दिनों में समस्त विषयों

पर मंथन होकर समाज को एक स्मारिका के रूप में प्राप्त हो, उसको पढ़कर लोग विचारकों को समझ सकें। बौद्धिक स्तर पर उसका विवेचन हो। आज समुपस्थित समस्त अतिथियों में किसको हम अपना न समझें—सब हमारे ही लोग तो बैठे हैं, हम ही हैं। इन सब रूपों में हमारे यहाँ का तो यही सिद्धांत है 'आत्म रूप जगत् सर्वम्'—आत्म रूप है, सारा जगत्। मैं ही हूँ और मैं ही आत्म रूप से जगत् में हूँ—इस प्रतिष्ठा के साथ आप सभी के प्रति मंगलकामना करते हुए वाणी को विराम देना आवश्यक समझता हूँ। परंतु साथ ही यह भी कहूँगा कि गंगाजी की जो परिस्थिति है, उसमें सुधार की आवश्यकता है। टनलों में गंगाजी को प्रवाहित करने से गंगाजी की प्राकृतिकता, नैसर्गिकता समाप्त होती है। मैंने देखा है कि अलकनंदा की धारा रामबाण से विष्णु प्रयाग तक जो समाप्त हो गई है, उसकी वजह से किनारे रहनेवाले लोगों को जल से कितना कष्ट हुआ। इसी प्रकार से तपोवन में बननेवाले जो टनल हैं, वह ज्योर्तिमठ के नीचे पावर हाउस के लिए आ रही हैं। उससे जितने प्राकृतिक जल स्रोत हैं, वह जल स्रोत बंद हो गए हैं। यहाँ पर रहनेवाले लोगों को, पशुओं को, पक्षियों को जल का अभाव हो गया है। यहाँ तक उसके कारण ज्योतिर्मठ में पिछली गरमी में पानी का बड़ा कष्ट रहा। आज भी कष्ट है लोगों को पानी का। प्राकृतिक स्रोतों को बंद न किया जाए, गंगाजी की निर्मलता, गंगाजी की अविरलता, नैसर्गिकता सतत बनी रहे, मैं यही अपने मुख्यमंत्रीजी से और समस्त लोगों से आशा रखता हूँ।

□

भाव, विचार और संस्कार का मंथन

—डॉ. रमेश पोखरियाल 'निशंक'
(तत्कालीन मुख्यमंत्री उत्तराखंड सरकार)

जिस मिशन को लेकर आशीषजी चल रहे हैं—यह हमारी भावी पीढ़ी के लिए, युवा पीढ़ी के लिए, समाज के लिए, मेरे देश की संस्कृति के लिए, मेरे देश की परंपराओं के लिए, उस मन के लिए जो हमेशा-हमेशा के लिए दूसरों के लिए धड़कता है, सबके लिए प्रेरणा का अवसर है। प्रेम में यदि दिव्यता आ जाती है तो फिर सोने में सुहागा होता है। वह प्रेम जो अंदर से होता है और जिसकी कोई सीमा नहीं होती, वह अनन्त होता है और उसमें दिव्यता है तो निश्चित रूप में आत्मा और परमात्मा दोनों का मिलन कराता है। मैं उनको बधाई देना चाहता हूँ, उनका अभिनंदन करना चाहता हूँ। मैंने आशीषजी के बहुत से कामों को देखा है और उनके मन की छटपटाहट को विनम्रता से जानने की कोशिश की है। मुझे अच्छा लगता है कि एक नौजवान के मन में इस सीमा तक की छटपटाहट है। छटपटाहट तो बहुत से लोगों के मन में होती है, सोचते भी बहुत सारे लोग हैं, अच्छा भी बहुत सारे लोग करना चाहते हैं, लेकिन करने का माद्दा होना चाहिए। विचार भी बहुत अच्छे होते हैं लेकिन उन विचारों को धरती पर क्रियान्वित करने की ताकत होनी चाहिए और वही कर सकता है जो जीवन और मरण के प्रश्नों को पार करने की हिम्मत रखता हो। वही उन विचारों को धरती पर क्रियान्वित कर सकता है जो अपने सुख को छोड़ सकता है, जो अपने शरीर की उन सब

चीजों को जो सुख देते हैं उनको त्याग सकता है और मन की उस ज्वाला को दिशा दे सकता है। समाज में आज सहयोग देने वालों की कमी नहीं है, बल्कि विश्वास की कमी है।

जिस विचारधारा को, विचार गोष्ठी को लेकर आशीषजी ने इस कुंभ को वैचारिक कुंभ बनाने का प्रयत्न किया है उसके अनुसार हिंदुस्तान के लोग सारी दुनिया को हमेशा-हमेशा से ही परिवार मानते हैं। जहाँ पश्चिम के लोगों ने दुनिया को बाजार कहा है, वहीं हिंदुस्तान ने पूरी दुनिया को अपना परिवार कहा है। बाजार और परिवार में जमीन-आसमान का अंतर है। यह भाव समझना चाहिए पूरी दुनिया को और मेरा भरोसा है कि यही भाव, विचार है—इस कुंभ से जो निकलेगा। हमने पूरी दुनिया को न सिर्फ अपना परिवार माना है, बल्कि इस परिवार की इस सीमा तक चिंता की है जिसमें हमने 'सर्वे भवन्तु सुखिनः, सर्वे सन्तु निरामया' की परिकल्पना की है। सारी धरती पर केवल व्यक्ति नहीं बल्कि प्राणिमात्र की सुख की कल्पना कौन सा समाज, कौन सा विचार कर सकता है—वह केवल भारत ही तो कर सकता है। यह भारत की संस्कृति ही कर सकती है और यह भी वे ही कर सकते हैं जो कहते हैं कि जब तक धरती पर कोई प्राणी दुखी हो तब तक मैं सुखी कैसे रह सकता हूँ। उसका प्रमाण आज आशीषजी ने दिया है। कुष्ठ रोगियों की सेवा के रूप में प्रमाण दिया है कि जब तक धरती का कोई भी इनसान दुखी होगा, हम कैसे सुखी रह सकते हैं। उस दुख को बाँटने की कोशिश की है। जो विषय इन्होंने विचार गोष्ठी में रखे हैं उनमें इतिहास, विज्ञान, वेद और मीडिया को भी रखा है, क्योंकि वे जानते हैं कि आज की इस परिस्थिति में, आज के युग में, सब विषयों की अपनी महत्ता है। बारह दिन तक यह मंथन चलनेवाला है और वह भी ऐसी धरती पर जो धरती भारत की संस्कृति का प्राण है, जो देवताओं की आत्मा है, जो हरिद्वार हरि का अपना द्वार है, जिस धरती पर आयुर्वेद का जन्म हुआ है और जहाँ महर्षि चरक की जन्म स्थली हो, जहाँ संजीवनी हो, जो धरती पूरी दुनिया के लोगों का तन और मन दोनों को ठीक करने का माद्दा रखती

है। जब भी दुनिया का आदमी भटकता है, तब-तब यही धरती तो उसको याद आती है। तब हमारे चार धाम—बद्री, केदार, गंगोत्री, यमनोत्री, हरिद्वार ऋषिकेश और पंच केदार, यही याद आते हैं और एक नया जीवन लेकर के वापस जाता है। समाज की एकता और अखंडता, सामाजिक सौहार्दता, जीवन मूल्य और संस्कार, चिकित्सा, शिक्षा कौन सा क्षेत्र छोड़ा था यहाँ के मनीषियों ने!

महाकुंभ हो रहा है। पूरी दुनिया के लोगों की नजरें इस समय यहाँ पर टिकी हुई हैं। मुझे भी परिकल्पना नहीं थी कि पूरी दुनिया की इतनी उत्सुकता कुंभ पर होगी लेकिन पहली बार मुझे महसूस हुआ कि सारी दुनिया कितनी उत्सुक है। लगभग पचास से भी अधिक देशों ने, जिसमें मुसलिम देश भी हैं, हमको अपना मेल, अपना संदेश भेज कर बधाई दी है। संस्कृत जो सब भाषाओं की जननी है, सभी भाषाएँ उसी से निकली हैं। माँ ही मरने की स्थिति में आ जाए, तिरस्कृत हो जाए, माँ को ही उसका बेटा भूलने लगे तो कहाँ से आवाज आएगी और यदि आवाज आएगी भी तो उसमें दम नहीं होगा, यदि दम भी होगा तो जैसे कुछ लोग बोलते हैं तो सिर के ऊपर से गुजर जाता है। गंगा को कितना ही मैला कर दिया जाए, लेकिन गंदगी को अपने अंदर समेटने के बाद भी गंगा ने अपनी पवित्रता को नहीं खोया, इसीलिए तो गंगा हमारी माँ है। तमाम थपेड़े खाने के बाद भी गंगा ने खुद ही अपने अस्तित्व को जीवित रखा है। पूज्य महाराजजी कह रहे हैं कि गंगोत्री से निकलनेवाली गंगा तमाम थपेड़े खाने के बाद भी सागर में समाहित नहीं हुई, अपितु सागर को अपने में समाहित कर लिया। सागरगंगा नहीं कहते बल्कि हम गंगासागर कहते हैं। गंगा में सागर भी समा गया, इसलिए यह हमारी गंगा माँ है, यह गंगा का प्रदेश है। हम हर हालत में गंगा की पवित्रता चाहते हैं उसकी अनवरतता चाहते हैं। पिछली बार जब प्रधानमंत्री की बैठक हुई थी तो उसमें, हमने कहा था कि उस समय हमको कष्ट होता है जब दिल्ली, मुंबई और दुनिया के बड़े बँगलों में बैठकर लोग उत्तराखंड को पर्यावरण सिखाना चाहते हैं। पर्यावरण की रक्षा की बड़ी-बड़ी चिंता करते हैं

और दुनिया के वे देश जो इकट्ठा होते हैं, पर्यावरण पर बड़ी-बड़ी बातें करते हैं, जिन्होंने पर्यावरण को सबसे ज्यादा दूषित किया है। इसलिए मैं कहना चाहता हूँ कि यदि पूरी दुनिया में पर्यावरण का सबसे बड़ा मित्र है तो वह उत्तराखंड है। हम तो वन्य एवं पर्यावरण के क्षेत्र के लोग हैं, हमारा 65 प्रतिशत क्षेत्र तो वनाच्छादित है। 65 से 70 प्रतिशत वनों से जुड़े हुए हैं। उत्तराखंड शायद दुनिया में पहला उदाहरण होगा जहाँ 12 हजार से भी अधिक वन पंचायतें हैं। उत्तराखंड के लोग वनों को अपने बच्चों की तरह पालते हैं। दुनिया में कहीं और उदाहरण नहीं मिल सकता। इसलिए तो पर्यावरण की रक्षा के लिए उसके संरक्षण, संवर्धन के लिए और माँ गंगा की अविरल धारा के लिए हम लगातार सहमत रहेंगे। लेकिन मैं इस बात से भी सहमत रहा हूँ कि जो जल संपदा अतिरिक्त होगी हमारे पास, उसका उपयोग उत्तराखंड करे। आखिर माँ अपने बच्चों को मरता हुआ कभी देख नहीं सकती। बगल में पानी के लिए तरसे, यह कैसे हो सकता है माँ अपने बच्चों को अँधेरे में भी नहीं देखना चाहती तो माँ अपने बच्चों को भूखा भी नहीं देखना चाहेगी और प्यासा भी नहीं देखना चाहेगी, क्योंकि वह तो माँ है।

इस प्रदेश से शुद्ध रूप से गंगा माँ आगे बढ़े इसका हमने संकल्प लिया है और हमने प्रदेश को पॉलीथीन मुक्त प्रदेश करने की भी घोषणा की है। जब हमको लगा कि गंगोत्री के आगे गोमुख का जो ग्लेशियर है उस पर बुरा प्रभाव पड़ रहा है, भीड़ हो रही है तो गंगोत्री से आगे जाने पर हमने प्रतिबंध भी लगाया। विशेष परिस्थितियों में पास लेकर ही व्यक्ति गोमुख जाएगा। गंगा के तट पर जितने भी हमारे शहर और नगर बसे हैं, जितनी भी बस्तियाँ हैं, उनके नए स्वरूप में नियोजन करने की हमने कोशिश की है। मैंने प्रधानमंत्रीजी से चर्चा की थी कि यह प्रदेश तो सैनिकों का प्रदेश है, दो-दो विदेशी सीमाओं से घिरा प्रदेश है, यहाँ के जवान राष्ट्र के काम आते हैं और स्वयमेव एक परिवार से एक व्यक्ति सेना में भर्ती होकर अपने प्राणों की आहुति देता है। यदि आप 62, 65, 71 या कारगिल के युद्धों की बात करें तो सर्वाधिक कुरबानी देने वाला सपूत उत्तराखंड का था और जो

क्षेत्र देश भक्त क्षेत्र है, गंगा का प्रदेश है, विदेशी सीमाओं से घिरा हुआ प्रदेश है, भारत की संस्कृति का प्राण है, जो दुनिया में अध्यात्म का सबसे बड़ा केंद्र है, जो आयुर्वेद की धरती है उस पूरे प्रदेश का मात्र 30 प्रतिशत ऐसा क्षेत्र है जहाँ हमारी दुकानें भी हैं और मकान भी हैं, गाँव भी हैं—सभी विकास उसी में करना है। आखिर 30 प्रतिशत विकास का अधिकार तो इस क्षेत्र को होगा और यदि सीमाओं से हमारे गाँव पलायन कर गए तो राष्ट्र को दोहरा संकट होगा। पलायन होगा तो राष्ट्र को सैनिक नहीं मिलेंगे। यदि सीमावर्ती इलाकों से ग्रामीणों का पलायन होगा तो हमारी सीमाएँ सुरक्षित नहीं रह सकतीं। इसलिए जो सीमावर्ती वन क्षेत्र हैं, जो सीमावर्ती गाँव हैं, उन गाँवों की रक्षा, सुरक्षा, उनका विकास हमारी पहली आवश्यकता है। अब उत्तराखंड राज्य का निर्माण हम सिर्फ इसलिए नहीं कर रहे कि हमारी राजनैतिक आकांक्षाओं की पूर्ति हो, कुछ मंत्री, कुछ मुख्यमंत्री बनें। हम समझते हैं कि हम भारत का माथा हैं और यदि माथा प्रभावी रहा, बलशाली रहा तो शरीर का अस्तित्व कायम रहता है और यदि माथा कमजोर हो तो शरीर के बल और साहस को ही खत्म कर देगा।

□

खंड-क

धर्म, दर्शन एवं संस्कृति

संस्कृति को अपने आचरण में लेकर ही दूसरों को दे सकते हैं

—श्री मोहनराव भागवतजी

(सरसंघ चालक राष्ट्रीय स्वयंसेवक संघ)

इस प्रकार के विषयों की कुंभ में चर्चा हो तो समझना चाहिए कि भारतवर्ष के पुनरुत्थान के समय की अब बहुत अधिक प्रतीक्षा नहीं करनी पड़ेगी। वैश्विक संघर्ष में भारतीय संस्कृति की भूमिका का थोड़ा शीर्षक परिवर्तन करें तो मैं कहूँगा कि 'वैश्विक संघर्ष में भारतीय संस्कृति की ही भूमिका' और किसी की भूमिका इस संघर्ष में नहीं हो सकती। आज सबको मालूम है कि आज के विकास के कारण सृष्टि का विनाश हो रहा है। फिर भी वह आज बड़े विकास की पद्धति छोड़ता नहीं है। आज जगह-जगह परिवार टूट रहे हैं, क्यों टूट रहे हैं? पाश्चात्यों की स्थिति का उल्लेख करना छोड़ भी दें। भारतवर्ष में भी स्थिति थोड़ी बिगड़ी, बहुत नहीं बिगड़ी है और बहुत बिगड़ेगी नहीं और बिगड़ती ही रहेगी ऐसा भी नहीं रहेगा। भारतवर्ष की संस्कृति भारतवर्ष के प्रत्येक व्यक्ति के दृश्य में सदा के लिए बस गई है। फिर भी हम देखते हैं कि जहाँ पर तथाकथित आधुनिक शिक्षा और आधुनिक जीवन का प्रचलन ज्यादा बढ़ गया है, समाज के ऐसे ही वर्गों में परिवारों के टूटने का, घर विस्फोट होने का, मानसिक संतुलन बिगड़ने का सिलसिला बढ़ा है। आज की भाषा में जिनको हम अशिक्षित कहते हैं, अप्रगतिहीन कहते हैं,

उनमें इस मामले में अभी भी सुख है, ऐसा क्यों है? शिक्षित आदमी को सुसंस्कृत होना चाहिए, अधिक शांतिमय होना चाहिए। आज होता उलटा ही है, परिवार और व्यक्ति का झगड़ा शुरू होता है। देशों का आपस में झगड़ा क्यों है, कोई उचित कारण है क्या? पाकिस्तान ज्यादा की आस छोड़ दे, जितना मिला है उतने पर संतुष्ट हो जाए, अपने देश को अच्छा करने में अपनी ताकत लगाएँ तो कोई झगड़ा नहीं होगा। लेकिन वह ऐसा नहीं करता, कश्मीर पर निगाह रखे है। गुंडागर्दी के आगे नहीं दबना है तो भारत को भी उसका प्रत्युत्तर देना पड़ेगा। चीन का और भारत के संघर्ष का कोई संबंध है, नहीं है। इतना दूर था चीन, उसने तिब्बत निगल लिया। अभी नेपाल पर अपना प्रभाव जमा रहा है। ब्रह्मपुत्र का पानी अपने देश में ले जाना चाह रहा है। कहता है—सिक्किम और अरुणाचल हमारे हैं। इसलिए संघर्ष की बारी आ गई। लोगों में संघर्ष है, क्योंकि मेरा और तुम्हारा संप्रदाय अलग है तो झगड़ा होगा। बाँग्लादेश में हिंदुओं का निष्कासन लगातार जारी रहता है। कभी कम खतरे में रहते हैं, कभी ज्यादा खतरे में रहते हैं। कहीं पर भी और संप्रदाय अलग है, शांति नहीं हो सकती।

सुजल, सुफल, मलयज भूमि में किसानों को, जो अन्न उपजा कर दूसरों को भोजन कराता है, उस किसान को आत्महत्या क्यों करनी पड़ती है? भुखमरी क्या है? अपने लोग अपने ही लोगों को मारते हैं, नक्सलवाद के नाम पर, ये संघर्ष क्यों चलता है? ये संघर्ष इसलिए हैं कि इन संघर्षों को हमने बुलाकर बढ़ाया है। दुनिया में भी ऐसा है, भारत में भी ऐसा है। हमने न्योता देकर इन संघर्षों को अपने यहाँ बुलाकर बसाया है। अब वह अपना काम कर रहे हैं। हमारा बदन जल रहा है, हम चिल्ला तो रहे हैं लेकिन अभी भी इस संघर्ष को 'मेहमान तुम कब जाओगे', ऐसा पूछने के लिए भी तैयार नहीं हैं, निकालने की तो बात दूर रही। हमको जरा प्राचीन इतिहास में जाना होगा। जब दुनिया आधुनिक नहीं थी, तब की सभ्यताएँ कौन सी हैं? जापान की 'शिंतो सभ्यता,' शिंतो धर्म कहते हैं। चीन में कन्फ्यूशस वगैरह की परंपरा, सारी दुनिया में इसलाम और ईसाइयत पूर्व की परंपराएँ हैं। अभी भी

उनके थोड़े-थोड़े लोग जगह-जगह हैं। जब हम उनको पूछते कि आप कैसे थे? तो कहते हैं कि इसलाम, ईसाइयत जैसे धर्मों के आने के पहले हम अच्छे थे। खा-पीकर सुखी थे। उस जमाने के हिसाब से तकनीक भी हमने विकसित की थी। कुल मिलाकर जीवन में शांति थी, जीवन अच्छी तरह चलता था, जितनी जनसंख्या होती थी, सबको समाने का हमारा सामर्थ्य था।

पश्चिम से एक सिनेमा आया है, उस सिनेमा का नाम है 'ग्यारहवाँ घंटा'। भावांतर करते हैं तो ऐन मौका जो चूकना नहीं चाहिए, अब चूक गए तो चूक गए। वह पर्यावरण पर ही है। जब हमारे पास आधुनिक विज्ञान नहीं था। तब हम लोग प्रकृति के साथ रहकर जीते थे। तकनीक थी लेकिन प्रकृति को हानि करनेवाली टेक्नोलॉजी नहीं थी। इच्छा तो बहुत थी लेकिन विज्ञान अपने हाथ में नहीं था तो कम कर सकते थे। इसलिए सृष्टि को शोषण करने का हमारा सामर्थ्य ही नहीं था, तो हम दोहन नहीं करते थे और दोहन करने की बुद्धि भी नहीं थी। एक पेड़ काटते थे तो दस पेड़ लगाते थे। इसलिए भगवान् ने जो शक्ति हमारे उपभोग करने के लिए दी थी उसी का उपभोग करते थे। उन्होंने शब्द दिया अर्थात् बहती हुई ऊर्जा, पानी बहता है उसकी ऊर्जा है, उसका उपयेाग करो, उससे चक्की चलाओ, हवा बहती है उसका उपयोग करो, उससे चक्की चलाओ। यह तकनीक थी। यह पुरातन तकनीक थी और ऐसी टेक्नोलॉजी का उपयोग करके हम जीते थे। बहती ऊर्जा बार-बार आती रहती थी। वह परिपूरित होती रहती थी, उपभोग करने से वह नष्ट नहीं होती। दूसरे रूप में सृष्टि को वापस जाती है। सृष्टि चक्र चलता है। लेकिन बाद में हमारे हाथ में विज्ञान आया और हमारे संस्कार भी नष्ट हो गए तो फिर उपभोग की लालसा बढ़ गई, शक्ति भी बढ़ गई। आधुनिक तंत्र विज्ञान ने फिर बहती ऊर्जा को छोड़ दिया और संचित ऊर्जा जो भगवान् ने रखी है उसका हमने उपयोग शुरू किया। वह ऊर्जा बाद में फिर से भरी नहीं जाती है और हमारी हवस बढ़ गई और हमने भूमि को खोद-खोदकर कर इसमें से खनिज निकाले, तेल निकाला, कोयला निकाला, यूनेरियम निकाला और सबको खत्म करते चले जा रहे हैं। उनको जलाने से

जो विषाक्त पदार्थ पैदा होते हैं, उनको सोखने वाले जंगल भी हमने पृथ्वी पर नहीं रखे। फलस्वरूप, अब हम नहीं जागेंगे तो मानव जाति नष्ट हो जाएगी, सृष्टि नष्ट हो जाएगी। अब तो जागो, यह मौका है, इससे मत चूको, इसलिए यह पश्चिम का सिनेमा बता रहा है। कोई उपन्यास नहीं है, देश-देश के विशेषज्ञ लोग परदे पर आ कर बता रहे हैं। क्या हुआ जब हम अपने संस्कार भूल गए?

पहले तो हमारी श्रद्धा को नष्ट कर दिया। हमारे यहाँ पहले भी जड़वादी लोग थे लेकिन वे श्रद्धा को नष्ट नहीं करते थे, वे जीवन का पूर्णानंद भौतिकता में खोजने के लिए प्रवृत्त करते थे। वे यह नहीं कहते थे कि भगवान् नहीं है, वह कहते थे कि भगवान् को देखा हुआ कोई मिला क्या? मिलने के बाद तुमको भगवान् दिखा सकता है तो जाओ उसके पीछे। कोई ऐसा नहीं है तो काहे तुम फालतू भगवान् के पीछे भटक रहे हो। अरे, इतना सारा है दुनिया में उसका उपभोग करो, आनंद लो, चेहरा लंबा करके क्यों रहते हो? यह बात भी पूर्ण सत्य नहीं थी, लेकिन हानि कम-से-कम थी। अब ये जो नए चार्वाक आ गए हैं, इन्होंने सारी आस्थाओं पर कुठाराघात किया। उन्होंने कहा कि भगवान् वगैरह सारी बेकार की बातें हैं। हमारे टेस्टट्यूब में जब दिखेगा तब मानेंगे। देखो सृष्टि क्या है? जीवन संघर्ष है, यहाँ कोई किसी का नहीं है, क्योंकि सृष्टि जड़ है, जड़ से उत्पन्न हुई है। चेतना से उत्पन्न हुई ही नहीं है। जड़ का आपस में संबंध रहता ही नहीं है। रेत का एक कण दूसरे कण के जैसा होता नहीं है। प्रकट में फर्क होता है। उसका कोई संबंध नहीं है। जड़ का संबंध नहीं रहता और इसलिए यहाँ संबंध नहीं है, सब लोग अपने-अपने हित साधन की बात करो, क्योंकि कोई तुम्हारा नहीं है और जो बलशाली है वह जीतेगा, जो दुर्बल है वह मार खाएगा। यही नियम है, तुम भी दुर्बलों को मारो और अपनी लालसा पूर्ण करो, अपनी वासना पूर्ण करो, उपभोग के लिए जीवन है और इसलिए यह मत देखो कि तुम्हारा उसके प्रति कर्तव्य क्या है? तुम यह देखो कि तुम्हारा अधिकार क्या है? तुमको मिल रहा है कि नहीं, और जितना है सौ साल से ज्यादा तुम जीने वाले नहीं हो, जितना मिला है उसी में ज्यादा-से-ज्यादा उपभोग

करो। फिर लोगों ने पूछा कि आप कहते हैं संबंध नहीं हैं। हमारे तो माता-पिता हैं, भाई-बहन हैं, हमको उनके बारे में कुछ सोचना है। उन्होंने कहा कि यह तुम्हारे मन की दुर्बलता है। यह तुम्हारा एकत्र रहना एक कांट्रेक्ट है, सौदा है। तुम्हारे अपनी पत्नी के साथ सुख का सौदा है, तुम उसका प्रतिपालन करो वह तुमको सुख देगी, जब तक तुम प्रतिपालन करते हो, तब तक सुख देगी। तुम्हारी नौकरी चली गई, छोड़ देगी। सुख दे नहीं सकती, तुम उसको छोड़ दो, दूसरी कर लो। जो मेरा भला करेगा वही मेरा है। जब तक मेरा भला करता है तब तक मेरा है, मेरी इच्छा पर उसका मेरा संबंध निर्भर है, कभी भी तोड़ दूँगा। भारत वर्ष में इसको हमने स्वीकार नहीं किया। हमको जरूरत नहीं थी इसको स्वीकार करने की। लेकिन हम अब मानते ही नहीं ना। हम बिना संबंध एकत्र रहना मानते हैं और राधा-कृष्ण का नाम अपनी बात को कायम रखने के लिए बदनाम करते हैं। एक बार अपने देश के महान् नेता जेल में गए घोटाले के आरोप में, लेकिन उन्होंने कहा मैं जेल में गया तो क्या हो गया, भगवान् कृष्ण भी तो जेल में गए थे। जयप्रकाश नारायण भी जेल गए थे।

ये हमारे बुलाए हुए संकट हैं। हमारी बुद्धि भ्रष्ट हो गई, हमने हर जगह उपभोग, वासना और सौदा देखना आरंभ किया। हमारे संस्कारों में नहीं है। हमारे संस्कारों ने हमें अभी बचा कर रखा है। बाकी दुनिया में जैसा है, वैसा हमारे यहाँ नहीं है। अभी भी हम बचे हैं, अभी हम इस प्रक्रिया को उलटा कर सकते हैं। किसके पास यह मंत्र है कि सृष्टि में और हममे एक ही तत्त्व है। धूलि के कण में और जिसको हम परमात्मा कहते हैं, उसमें कोई फर्क नहीं है। चराचर सृष्टि जड़ चेतन, स्थावर और जंगम सबमें एक ही तत्त्व विद्यमान है। सबमें एक ही तत्त्व नहीं, अपितु एक ही तत्त्व विविध रूप में है। केवल भगवान् ही है और कुछ नहीं है। भगवान् है कि नहीं यह सहज नहीं। भगवान् इसमें हैं या उसमें हैं, भगवान् पत्थर में है या नहीं यह सवाल नहीं है। भगवान् काला है कि गोरा है, अल्लाह है कि गॉड है, यह सवाल नहीं है। हम कहते हैं जो भी है तुम समझो केवल भगवान् ही है और कुछ है ही नहीं। उसकी इच्छा हुई कि मैं अकेला हूँ अब मुझे बहुत होना है 'एकोहम् बहुस्याम।' अब

भगवान् ने संकल्प किया काम हो गया। सृष्टि उत्पन्न हो गई। यह मान्यता ग्रंथों की मान्यता नहीं है, प्रवचन की मान्यता नहीं है। संत-महात्माओं की केवल नहीं। शाम को सूर्यास्त होने के बाद छोटा बच्चा घर के पेड़ का पत्ता तोड़ने जाता है। नितांत अशिक्षित खेतों में मजदूरी करके काम करते हैं, पढ़े-लिखे भी नहीं हैं। लेकिन जब बच्चा आँगन में पेड़ के पास पत्ते को हाथ लगाता है तो दादा उसको कहता है कि बेटा शाम के बाद पेड़ों को हाथ मत लगाना। जैसे हम सोते हैं, वैसे ही यह उनके भी विश्राम का समय है। उनको सताओ मत, जगदीश चंद्र बसु ने प्रयोग करके बताया कि वृक्षों में भी जीवन है, लेकिन जगदीश चंद्र बसु पढ़ाने के लिए वहाँ उस झोंपड़ी में नहीं गए थे। केवल ग्रंथों की मान्यता नहीं है, यह हमारा जीवन है, भारतीय संस्कृति ग्रंथों में ही नहीं है, ग्रंथों में भी है, प्रवचनों में ही नहीं है, उनमें भी है, भारतीय संस्कृति भारत के प्रत्येक व्यक्ति के रोजमर्रा के आचरण में, परंपरा में विहार करती है। उसका हम स्मरण करें तो सृष्टि भी हमारी माता है, गंगा हमारी माता है। ऐसे संत महात्मा आज भी विद्यमान हैं और पहले भी हो चुके हैं। किसी के पास गंगा माँ एक कन्या का रूप धारण करके आई और आगे का रास्ता बताया। किसी नर्मदा प्रदक्षिणा करनेवाले साधु को बड़ी कठिन परिस्थिति में एक कन्या ने आकर दूध की खीर खिलाई और नर्मदा का पानी पिलाया तो उनके हृदय में नर्मदा और गंगा के प्रति भक्ति साकार हुई।

मनुष्य के रूप में यह, यह कैसे होता है? इसको विज्ञान अभी नहीं समझेगा, कल समझेगा कि नहीं पता नहीं। मैं स्वयं विज्ञान का विद्यार्थी हूँ, हल्की बात नहीं कर रहा हूँ। हम उसको स्मरण करें, वह संस्कृति हमको बताती है कि आपस में रिश्ता क्या है। तुम्हारे हृदय में जो राम है उसके पास भी वही राम है। यह तत्त्व हमारी सुरक्षा करता है, यह तत्त्व हमारा विकास करता है, हमको सबका मित्र बनाता है। अलग-अलग होंगे तो भी दुश्मनी होने की आवश्यकता नहीं, विविधता उसी की विविधता है। एक ही तत्त्व विविध रूप में आया है। तुम्हारा भगवान् अलग है कोई बात नहीं, भाषा अलग है, कोई बात नहीं, पंथ अलग है, कोई बात नहीं, खान-पान, रीति-

रिवाज अलग है कोई बात नहीं। संत एकनाथजी से झगड़ा करने का प्रयास किया गया। मौलवियों ने एक पठान को जरा फुसला दिया। वह जाकर स्नान घाट पर बैठा, एकनाथजी आए, स्नान करके बाहर आए उसने उन पर थूका। एकनाथजी संत एकदम शांत थे, उन्होंने झगड़ा नहीं किया, वे गए पुनः स्नान किया। वापस आए तो फिर थूका। 108 बार ऐसा हुआ और 108 बार उन्होंने स्नान किया। एक ने उनसे पूछा अरे महाराजजी एक तमाचा लगाओ भाग जाएगा। वे बोले जब वह अपना स्वभाव नहीं छोड़ रहा है तो मैं कैसे अपना स्वभाव छोड़ूँ? लेकिन फिर सुरक्षा कैसे होगी? यहाँ यह प्रश्न आता है, इतनी अहिंसा की पराकाष्ठा करेंगे तो बचेंगे कैसे? दुनिया तो इतनी साधु दुनिया नहीं है, लेकिन एकनाथजी ने इसको भी किया। ये किस्सा सुनकर मौलवीजी को लगा कि यह आसान शिकार है। इससे झगड़ा करने की जरूरत नहीं है। उनके यहाँ चार-पाँच लोग पहुँच गए और कहा कि महाराजजी आपने क्यों नहीं मारा उनको। वे बोले, नहीं जो राम मेरे हृदय में है उसके हृदय में भी वही राम है। तो राम सबमें है तो हमारे कुरान में भी है। हाँ इसलाम में भी है, तो आप मुसलमान बन सकते हैं। मसजिद में आकर कलमा पढ़ाएँगे, कल आप आएँगे। सर्वत्र एक ही राम है, जहाँ-जहाँ राम है, वहाँ जाने में मुझे कोई डर नहीं। उस समय के रोल मॉडल अगर एकनाथजी मुसलमान बन पाएँगे तो सारा समाज मुसलमान बन जाएगा, हाहाकार! दूसरे दिन एकनाथजी चले मसजिद की तरफ, लोग भी उनके पीछे। यह क्या चमत्कार है, क्या होगा अब? जाते-जाते एकनाथजी ने रात्रि में कीचड़ में बैठे सुअरों के परिवार से एक छोटा सा सुअर अपने साथ ले लिया और वहाँ द्वार पर पहुँच गए। चलिए तो उन्होंने कहा कि महाराज उसको रखकर बाहर आप वजू करके आइए तो बोले नहीं यह राम हैं। यहाँ भी राम हैं वहाँ भी राम हैं, उन्होंने कहा कि हम नहीं मानते तो वे बोले मैं भी नहीं मानता।

काया, वाचा, मनसा किसी को भी दुख नहीं देना। लेकिन यह एक तरफा रास्ता नहीं है। यह ध्यान रखना है कि अपनी संस्कृति को स्मरण करना, अपने संस्कारों को धारण करना, अपनी परंपराओं को स्मरण करना,

युगानुकूल रूप धारण करके उसको दूसरों को देना। आज लड़ाइयाँ क्यों हैं? अपनी जगह सब विचार धाराएँ सत्य हैं। मेरी विचारधारा बिलकुल सत्य है, लेकिन मेरी बुद्धि की, देशकाल की, परिस्थिति की एक मर्यादा है। मेरी आत्मा की एक मर्यादा नहीं है। आत्मा से सीधे जो ज्ञान आता है वह त्रिकाल बाधित नहीं है। देश काल परिस्थिति निरपेक्ष है। लेकिन बुद्धि में मैं जो विचार करता हूँ वह कितना भी व्यापक और शाश्वत रहा तो भी एक समय और एक परिस्थिति और एक देश ऐसा आता है, जहाँ पर उसको त्यागना पड़ता है, बदलना पड़ता है। इसलिए अपने यहाँ ऐसी भी कहानियाँ हैं कि अकाल पड़ा, कुछ खाने को नहीं था तो विश्वामित्रजी ने भी मांसाहार किया। इसका मतलब क्या कि मांसाहार करना चाहिए, ऐसा कहती है भारतीय संस्कृति? ऐसा नहीं, लेकिन देश-काल परिस्थिति के अनुसार किसी को बाध्य होना पड़ता है तो उसका पहला कर्तव्य प्राण रक्षा है।

सब्र प्रकार की भौतिक उन्नति करने के उपरांत मनुष्यों के दो वंश थे, देव वंश और असुर वंश। ये सब हमारे ही पूर्वज हैं, उनको लगा की अभी भी समाधान नहीं है तो अपने-अपने गुरु बृहस्पतिजी को, शुक्राचार्यजी को बुलाया। दोनों ब्रह्माजी के पास गए। साष्टांग प्रणाम किया, पूजन किया और फिर बताया कि गुरु-महाराज आत्मविद्या दीजिए। उसको जानने के बाद कुछ जानना शेष नहीं रहता और समाधान हो जाता है। ब्रह्माजी ने कहा कि अपने यहाँ सीखना भी शिष्यों की पात्रता पर निर्भर करता है। ब्रह्माजी ने इनको बताया, बहुत आसान बात है, ब्रह्म सब जगह रहता है और सबका संचालक वही है। अब तुम देख रहे हो मुझे तो तुम्हारी आँखें देखती हैं, तुम्हारी देखने वाली आँखों में जो देखने वाला बैठा है, वही आत्मा है उसको खोज लो। इंद्र सोचने लगा कि इसका मतलब क्या है। विरोचन ने कहा कि आ गई समझ में बाबा जी। विरोचन ने कहा कि मैं तुम्हारी आँखों में अपना प्रतिबिंब देख रहा हूँ, मुझे समझ में आ गई बात। मैं ही आत्मा हूँ, मेरी ही विजय होनी चाहिए, मैं ही सबसे बड़ा हूँ। हम ही हैं और हमारी ही मानो और जो हमारा होगा उसी को हम सुरक्षा देंगे, अन्य लोगों को या तो गुलाम

बनाएँगे या आतंकित करेंगे या तो नष्ट करेंगे। ऐसी राक्षस संस्कृति तब से शुरू हुई। तालाब के किनारे भोजन कर विश्राम किया। सुबह उठकर तालाब में इंद्र देख रहा था तो उसको दिखा कि मैं वहाँ बैठकर अपना प्रतिबिंब देख रहा हूँ। एक जामुन का फल ऊपर से टपका तो तरंग उठी और उसमें प्रतिबिंब नष्ट हो गया, तो उसने सोचा यह कैसे, आत्मा तो अमर होती है, यह तो नष्ट हो गई। उसने विरोचन को कहा कि मैं वापस जा रहा हूँ, विरोचन ने कहा कि काहे को फालतू माथापच्ची कर रहे हो। तुम जाओ मुझे तो मिल गया। इंद्र वापस गया। ब्रह्माजी ने दस प्रकार के चक्कर लगाकर उसको वह ज्ञान दिया।

वहाँ से देव संस्कृति निकली, वही हमारी है। वह बताती है कि अहंकार मत करो, सब चैतन्य है और सब अपनी-अपनी जगह सही हैं और इसलिए रूप किसी का अलग है, भाषा किसी की अलग है, खानपान, वेश किसी का अलग है, पूजा पद्धति अलग है, झगड़ा मत करो, मिलजुल कर रह सकते हैं। तुम अपनी संस्कृति का वरण करो। तुम दूसरों की भी बातों का श्रद्धापूर्वक सम्मान करो। उससे भी वही अपेक्षा है। हमारे प्रधानमंत्रीजी ने यह राहुल बजाजजी को पारितोषिक दिया, उसमें उन्होंने कहा कि यह जो विकास का रास्ता है उसके कारण बेरोजगारी, असंतोष सब बातें बढ़ती हैं। पर्यावरण की हानि होती है। हमको अपनी जीवन शैली बदलनी पड़ेगी। संस्कृति की भूमिका कैसे होगी? संस्कृति तो अमूर्त है, संस्कृति आती है आचरण में, आचरण होता है मनुष्यों का और एक मनुष्य सारी दुनिया के सामने उस आचरण को करने के लिए समर्थ नहीं होता, इसलिए समाज है। समाज क्यों चाहिए? धर्म का आचरण करने के लिए समाज चाहिए। अपने पवित्र धर्म, हिंदू धर्म और संस्कृति का संरक्षण करना है तो हिंदू समाज का संरक्षण आवश्यक है। हिंदू समाज का संरक्षण कैसे होगा? सुरक्षा किसकी होती है? हमको पहले अपनी संस्कृति का आचरण युगानुकूल रूप में पूर्ण और अपने व्यवहार में लाना पड़ेगा। उसमें संघर्ष होगा। क्योंकि सारी दुनिया में आज जो व्यवस्थाएँ लागू हैं, वे व्यवस्थाएँ उन तत्त्वों के आधार पर लागू नहीं हैं।

विज्ञान और अध्यात्म आज बहुत निकट आ गए हैं। अध्यात्म ही काम का विज्ञान बनने जा रहा है, लेकिन बाकी लोग अपनी पुरानी चाल को छोड़ने के लिए तैयार नहीं हैं। यह मनुष्य का स्वभाव है। तोते को कभी-कभी पिंजरे में रखते हैं। दरवाजा खुला रखने के बाद भी वह भागता नहीं है। कभी-कभी तो पिंजरा रहता नहीं। एक डंडी रहती है, उस डंडी पर उसको बिठा देते हैं। बिठाने के बाद उसको लगता है कि छोड़ दूँगा तो गिर जाऊँगा। इसलिए उसको पकड़े रखता है। मन में स्वतंत्रता की कामना है, लेकिन वह डंडी छोड़ने के लिए तैयार नहीं है। आदर्श होने से लाभ नहीं उदाहरण चाहिए। उदाहरण का अनुकरण समाज को करना चाहिए। यह हमने किया है, इसलिए यह सारी दुनिया ऐसी थी एक जमाने में, जिसको हम आज भी मानवता कहते हैं, बंधु भाव कहते हैं। इन सारी बातों को इतिहास के किसी मोड़ पर हिंदू नाम मिला। इसलिए भारत के साथ वह जुड़ा, इसलिए भारत की संस्कृति को हिंदू संस्कृति कहते हैं। उसको अपने आचरण में लाना पड़ेगा, उसका गौरव मन में धारण करना पड़ेगा। अभी भी अपने स्वार्थ के कारण कुछ लोग कहते हैं कि मुझे लज्जा होती है हिंदू कहने में, प्रयास होते हैं कि अपने आपको हिंदुओं में मत गिनाएँ। अब हमको प्रयास करना चाहिए कि हमको अपने सहित सबकी गिनती हिंदुओं में हो। अपने हिंदू भारतीय मूल्यों के आधार पर फर्क नहीं है कुछ। हिंदू नाम मैं बार-बार इसलिए ले रहा हूँ कि उसे व्यक्त करनेवाला एक यही शब्द है। आर्य कहते तो भी यही बात है, भारतीय कहते तो भी यही बात है, लेकिन दुर्भाग्य से इन शब्दों के अर्थों में बिगाड़ हो गया है। शब्दों को पकड़कर उसका अर्थ लगाते हैं, उसका भाव नहीं देखते, उसकी परिस्थिति नहीं देखते। साखर, शक्कर, चीनी कहने के बाद किसको उसका का अर्थ मालूम है, जिसने एक चम्मच खाया उसको पूरा मालूम है। शब्द ज्ञान केवल रहा अनुभूति नहीं रही, इसलिए गड़बड़ हो गई। हमको उस अर्थ को जानना पड़ेगा, उस अर्थ के जानकार उसको आज के समय में युगानुरूप में लाना पड़ेगा। उसका गौरव मन में धारण करना पड़ेगा, उसके आधार पर छोटे-बड़े प्रयोग करने पड़ेंगे और बताना पड़ेगा कि

सारी दुनिया को इस धर्म की आवश्यकता है। विवेकानंद ने यही बात लोगों को कही। उन्होंने अपने शिकागो के भाषण में सारी दुनिया को एक संबोधन दिया। उन्होंने सारी दुनिया को बताया कि हमारा संबंध सतही नहीं है, हमारा संबंध है, भाई-बहन का संबंध है। उन्होंने बाद में संदेश दिया कि हम कूपमंडूकवृत्ति छोड़ें। मेरी ही सच बाकी सबका गलत, सब अपनी-अपनी जगह सही हैं। जैसे-जैसे विकास होगा वैसे-वैसे बड़े सत्य को हम पाएँगे।

इसलिए अपने कुएँ से बाहर आकर सागर में छलाँग लगाने से डरो मत। दुनिया आज कराह रही है उसके लिए, बोल तो यही रही है कि यही चाहिए और इसलिए अरविंद ने कहा था उत्तरपाड़ा के भाषण में कि हम धर्म अपनी भाषा में नहीं समझते। हमको पहले धर्म का अंग्रेजी भाषांतर चाहिए। Religion एक छोटी सी बात है, एक किताब, एक मसीहा, एक भगवान्, उसके अनुसार चलना, धर्म नहीं है, धर्म सबको साथ लेकर चलना, धर्म विश्व के अस्तित्व को टिकाने वाला संतुलन है। उस धर्म का एक अंग अपनी संस्कृति है। अपने धर्म, अपनी संस्कृति को स्वयं के आचरण में लेकर दुनिया को देने के लिए भारत है। अगर उसके लिए संघर्ष करना है तो द्वेष के लिए नहीं, दुश्मनी के लिए नहीं, किसी को नाश करने के लिए नहीं, धर्म के रक्षण के लिए। जिसका उपदेश भगवान् ने गीता में किया, वह संघर्ष हमको करना पड़ेगा। इस प्रकर की अपनी तैयारी बनाएँगे तो फिर हिंदू संस्कृति का दुनिया के संघर्षों को समाप्त कर एक समन्वित, सुख संपन्न, समरस सुदृढ़ दुनिया उत्पन्न करने में योगदान हो सकता है। क्योंकि, भारतीय संस्कृति के पास जीवन की जो समग्र और एकात्म सर्वव्यापी अनुभूति है वह अन्य किसी के पास नहीं है और इसलिए उस संस्कृति की वास्तविक अनुभूति को समझकर उसके युगानुकूल रूप को व्यक्तिगत, पारिवारिक और सामाजिक जीवन में लागू करने के उपाय हम अपने-अपने प्रयासों से अथवा समूह बनाकर अथवा किसी संगठन के तहत करने का उद्यम इस क्षण से शुरू करें। इस आवाहन के साथ मैं अपने शब्द समाप्त करता हूँ।

□

कर्म, मान्यता और ज्ञान की दृष्टि

—महामंडलेश्वर स्वामी वियोगानंद सरस्वतीजी महाराज
(परमाध्यक्ष ईशावाश्यम ट्रस्ट)

आज का जो विषय है, सुनने में लगता है कि बहुत कठिन है, लेकिन है सरल उसको हर पल हम जी सकते हैं। सही अर्थों में अगर देखा जाए तो स्वभाव से प्रत्येक मनुष्य अपने जीवन में पूर्णता प्राप्त करना चाहता है, कहीं से भी किसी को अधूरापन पसंद नहीं और जीवन के कुछ अधूरेपन को मिटाने के लिए, कमी को दूर करने के लिए प्रत्येक व्यक्ति के जीवन में मुझे तीन दृष्टियाँ दिखाई देती हैं। उन तीनों दृष्टियों के समन्वय को ही, संतुलन को ही, सामंजस्य को ही कह दिया गया भारतीय जीवन दृष्टि। अपने जीवन के खालीपन को आप कुछ करके मिटाना चाहते हैं। व्यक्ति कुछ करके इतना कुछ प्राप्त नहीं कर पाता है कि जिससे जीवन की खाली झोली वह भर ले तो उसके जीवन में निराशा आती है, विफलता दिखाई देती है। वह फिर सोचता है कि मैं कुछ करके अपने जीवन के खालीपन को न भर सका तो वह किसी न किसी को अपने जीवन से भी मूल्यवान मानकर उसके प्रति अपने को समर्पित करता है। उसके साथ अपना संबंध स्थापित करता है। ऐसा मानकर भी जब वह जीवन से रिक्तता को न मिटा सका तो करना भी एक तरफ छोड़ा और मानना भी एक तरफ छोड़ा और चुपचाप बैठकर अपने आप में खोजना शुरू किया। अपने आप जो खोजना है, यह दृष्टि है अनुभव की। करने की दृष्टि, मानने की दृष्टि और अनुभव की दृष्टि—तीन

दृष्टियाँ हैं। इस धरती पर जहाँ तक मानव सभ्यता वास करती है, चाहे उत्तर की हो, दक्षिण की हो, पूर्व की हो या पश्चिम की हो प्रत्येक मानव प्राणी में करने की, मानने की, ज्ञान की—तीन दृष्टि पाई जाती हैं। इन्हीं तीन दृष्टियों को हमारे वेद ने बहुत ही सुसंस्कृत, परिष्कृत और व्यापक शब्द आधिभौतिक दृष्टि, आधिदैविक दृष्टि और आध्यात्मिक दृष्टि कहा। आधिभौतिक दृष्टि माने कर्म क्षेत्र, प्रत्यक्ष है, इंद्रियों के सामने है, आँख के सामने है रूप, कान के सामने है शब्द, त्वचा के सामने है स्पर्श, नासिका के सामने है सक्रिय गंध, रसेंद्रियों के सामने है स्वाद, इससे सब प्रत्यक्ष है।

जो मान्यतागत संबंध है उसमें जरूरत पड़ती है आस्था की, विश्वास की, श्रद्धा की। आस्था, विश्वास, श्रद्धा के जिस सर्व समर्थ के महत्त्व को हमने स्वीकार किया उसको हमने देखा नहीं इसलिए उसे शास्त्रीय शब्दों में कहा गया परोक्ष दृष्टि। इंद्रियाँ साँचे में कैद न कर सकें, इंद्रियाँ जिसको न देख सकें, समझ सकें फिर भी जो हो, उस अस्तित्व के लिए हमने प्रयोग किया परोक्ष दृष्टि, इन दोनों दृष्टियों के आगे एक तीसरी दृष्टि है जिसको कहा गया साक्षात अपरोक्ष दृष्टि, जो न प्रत्यक्ष है न अप्रत्यक्ष है, फिर भी मालूम पड़ता है, अनुभव होता है या अहसास होता है। तो जो अनुभव होता है अपरोक्ष तत्त्व का, वह भारतीय दृष्टि की सर्वोच्च ऊँचाई है। इन तीन दृष्टियों को छोड़कर आज तक इस धरती पर किसी भी दार्शनिक ने, चौथी दृष्टि की बात नहीं की है। प्रत्यक्ष दृष्टि माने कर्म, परोक्ष दृष्टि माने विश्वास और अपरोक्ष दृष्टि अनुभव। क्यों हम अपने जीवन में पूर्णता को आत्मसात नहीं कर पाते हैं, पूर्ण वृत्त नहीं हो पाते हैं, पूर्ण आनंदित नहीं हो पाते हैं, अपनी कमी को देखने की जो दृष्टि है वह आत्म निरीक्षण है। पहले यह निश्चित करें कि कर्म क्या है? मान्यता क्या है? और ज्ञान क्या है? कर्म उसे कहते हैं जिसमें कोई दोष न हो, जानने का अहंकार अज्ञान ही सिद्ध करता है। कर्म में दोष का होना या मान्यता में विश्वास में विकल्प का पैदा होना अधूरापन है। कौन सा कर्म दोषपूर्ण कहा जाएगा? जिस कर्म में यह चिंतन हो कि इसका फल मुझे मिले वह दोषपूर्ण कर्म है क्योंकि वहाँ पर पशु दृष्टि है, स्वार्थ बुद्धि है। राष्ट्र कवि मैथिलीशरण

गुप्त की एक पंक्ति मुझे याद आई—

'मनुष्य है वही जो मनुष्य के लिए मरे
वह पशु प्रवृत्ति है जो आप-आप ही करे।'

जिसका यह आशय है कि मेरा क्या और मेरे लिए क्या, वह पशु दृष्टि से किया गया कर्म हो होगा—उसमें दोष होगा। अपने लाभ के लोभ को तृप्त करने के लिए किसी को नुकसान पहुँचाने में हमें परहेज न हो, अपने सम्मान को प्राप्त करने के लिए किसी को अपमानित करने में शर्म न आए। कर्म तो उसे कहते हैं जिसका फल किसी को नुकसान न पहुँचाता हो और जिसका फल हमें अपने साथ न बाँधता हो। अब प्रश्न उठा कि वह कर्म हम किस प्रकार से करें जिससे कि किसी को नुकसान भी न पहुँचे और उस कर्म का फल हमें बाँध भी न सके। हमारी स्वतंत्रता भी कायम रहे यह कैसे संभव होगा? सबसे पहले हम सोचें कि हम कर्म करते ही क्यों हैं? जब तक जीवन में क्रियाशीलता है, काम करने की शक्ति है, तब तक स्वभाव से आप काम किए बिना बैठ नहीं सकते हैं। यह आपका व्यक्तित्व का एक रूप है। काम किए बिना आप नहीं बैठ सकते, इसलिए आप काम करते हैं। इन तीन दृष्टियों में सामंजस्य या संतुलन स्थापित करने के लिए एक चौथी व्यवस्था जो स्वभाव से आपके जीवन में है, उसे कहते हैं विवेक का प्रकाश। आपको मालूम है क्या अच्छा है और क्या खराब है। अच्छी तरह आप जानते हैं तो जानी हुई बुराई को छोड़ना यह आपका पुरुषार्थ हो गया। जानी हुई बुराई को आप छोड़ दें तो आपको अच्छा काम या भला काम करना नहीं पड़ेगा, क्योंकि यह आपका स्वभाव है आप इसके बिना बैठ ही नहीं सकते हैं। जब आप किसी काम को किए बिना नहीं रह सकते हैं तो आपके जीवन से भलाई होगी, क्योंकि बुराई आप कर नहीं सकते, होने वाली बुराई जब आपको दिख जाएगी कि यह हो रही है तो उस कर्म को करने का कृतित्व, अभिमान, अहंकार आपको नहीं रहेगा। खाया हुआ भोजन स्वतः पचता है, कभी आपको अहंकार हुआ क्या कि मैं पचाता हूँ। शारीरिक संरचना में श्वासों का आना-जाना एक प्राकृतिक प्रक्रिया है। कभी आपको अहंकार

हुआ क्या कि मैं साँस ले रहा हूँ और छोड़ रहा हूँ तो होने वाले कर्म में अभिमान और अहंकार को खड़े रहने की जगह नहीं मिलती है। सही अर्थों में उस समय हम क्रियाशक्ति के द्वारा पूरे विश्व की सेवा कर पाते हैं। अथवा कह सकते हैं कि क्रिया शक्ति के द्वारा रचनात्मक यथाशक्ति सेवा हमारे द्वारा होती रहती है, जिसका अहंकार हमें नहीं होता है। कर्म करने का अहंकार ही अपने आप में एक दोष है। श्रीकृष्ण ने बड़े सरल शब्दों में कह दिया—

प्रकृति क्रियमाणानि गुणैः कर्माणि सर्व सः।
अहंकार विमूढात्मा कर्ताहमिति मन्यते॥

मैं एक वर्ष पहले इन विमूढ़ शब्द पर जब विचार कर रहा था तो अपने आप अकेला बैठा-बैठा हँस पड़ा यह सोचकर कि जो शुद्धजन होते हैं, प्रभुजन होते हैं वे कभी गाली नहीं देते हैं और कभी देना भी पड़े तो बड़े सभ्य और संयत शब्दों में देते हैं कि सामने वाले को पता भी नहीं चलता कि हमें गाली दी गई और उनका आक्रोश भी शांत हो जाता है। श्रीकृष्ण कहते हैं विमूढ़ आत्मा, मूल शब्द है मूढ़। इसमें भी उपसर्ग लगा हुआ है, इसका अर्थ होता है विशेष प्रकार का मूर्ख जो कहता है कि मैं करता हूँ। जब कर्म में अहंकार नहीं रहता है तो उस कर्म में सुवास आ जाती है और कर्म में आई हुई सुवास व्यक्ति के व्यक्तित्व का भाग है। उस व्यक्ति को यह अपेक्षा नहीं रहती है कि मेरे द्वारा होने वाले कार्यों की कोई प्रशंसा करें। गुलाब खिलता है तो खुशबू बिखर जाती है वातावरण में, गुलाब को कभी यह अपेक्षा नहीं है कि कोई हमारी प्रशंसा में दो शब्द बोल जाए। वेदांत के नाम पर खूब पोथा के पोथा चाट जाएँ और जानी हुई बुराई का त्याग न करें तो चित्त शुद्ध नहीं होगा।

हमारा यह दायित्व बनता है कि उनमें यह विचार प्रकाशित हो जाए और लोग इस बात को समझने लग जाएँ कि बुराई हमारा स्वभाव नहीं है। तो जब व्यक्ति यह समझ लेगा कि बुराई हमारा स्वभाव नहीं है तो वहाँ कानून की जरूरत नहीं होगी, जीवन में अपने आप निर्दोषता की प्रतिष्ठा होते ही अनुशासन आ जाएगा। जिसका जीवन अनुशासनपूर्ण है, उस पर शासन करने के लिए धरती पर आज तक कोई भी माई का लाल पैदा नहीं हुआ यह

तो आपकी अपनी क्रांतिपूर्ण दृष्टि होगी जिससे जीवन में अनुशासन आएगा। आधिभौतिक दृष्टि की पहली कड़ी है निर्दोषता पूर्वक जीवन में अनुशासन की प्रतिष्ठा करना। जीवन में अनुशासन नहीं है, इसलिए सरकार के शासन की जरूरत पड़ती है।

व्यक्ति को अहंकार होता कब है? व्यक्ति को अहंकार तब आता है जब जीवन की सच्चाई को वह भूल जाता है। अहंकार करने का मतलब ही है कि हम जीवन के सत्य को भूल गए। जीवन का सत्य उसे कहते हैं जिसमें संदेह का कोई स्थान न हो और उसको प्रमाणित करने के लिए किसी दूसरे की जरूरत न पड़े। जिसको स्वीकार करने के लिए कोई परतंत्रता न हो और जिसको स्वीकार करने से किसी दूसरे को नुकसान न हो, न अपना नुकसान होता हो—उसे कहते हैं जीवन का सत्य। ऐसे जीवन के सत्य को जो स्वीकार करता है उसके जीवन में अहंकार के खड़े रहने की कोई जगह नहीं होती है। यदि हम शरीर को चलाते तो हृदय गति रुकने पर मेडिकल साइंस फिर से चला देता न, तो शरीर भी हम नहीं चलाते हैं। जब शरीर हम नहीं चलाते हैं तो फैक्टरी चलाते हैं, कारखाने चलाते हैं, देश हम चलाते हैं। अच्छा काम करो या न करो, होता है या न होता है इसकी चिंता छोड़ो, बुरा मत करो, जिसके बारे में जानते हो यह काम खराब है वह मत करो। सामर्थ्य नहीं, परिस्थिति अनुकूल नहीं, शक्ति नहीं इसलिए नहीं कर पाए लेकिन, बुराई तो मत करो। जब बुराई नहीं करोगे तो चित्त शुद्ध होगा और जहाँ चित्त शुद्ध होगा वहाँ अपने आप शक्ति उतरती चली जाती है, क्योंकि ईश्वर अपने बैठने की जगह खोजता है कि कहाँ जाकर बैठूँ—

तो कबीर मन निर्मल हुआ जैसे गंगा नीर।
पीछे-पीछे हरि फिरे कहत कबीर-कबीर।।

जो मनस्वी होता है, मनुष्य होता है उसके चिंतन में कभी किसी को नुकसान पहुँचाने की बात आती ही नहीं, इसलिए—

सर्वे भवन्तुः सुखिनः सर्वे संतु निरामयाः।
सर्वे भद्राणि पश्यंतु मा कश्चिद् दुख भागभवेत्॥

यह विशुद्ध भौतिक दर्शन की बात है, यह आस्तिक दर्शन भी नहीं है। अध्यात्म दर्शन भी नहीं है। विशुद्ध समाज शास्त्र है। विवेक के प्रकाश में देखकर समय को हम नहीं बाँध सकते हैं, क्योंकि समय की गणना भी विवेकपूर्वक होती है। इससे यह सिद्ध होता है कि समय से पहले विवेक था, विवेक का कोई समय नहीं है। जबसे विवेक है तब से हमारी यह दृष्टि है। जब से ज्ञान है तब से हमारी यह दृष्टि है। हर वर्तमान की खोज अपने आप में नूतन है, इसलिए लाखों वर्षों से इस दृष्टि के द्वारा प्रयोग होते आ रहे हैं और कभी यह दृष्टि पुरानी नहीं हुई। यह नित्य है और कभी यह दृष्टि पुरानी नहीं हुई। यह नित्य नूतनता और नवीनता लिए हुए विशुद्ध भौतिक दृष्टि है। कई बार व्यक्ति अपने जीवन में आस-पास के वातावरण से दुराशा-निराशा अनुभव करने लगता है। यद्यपि यह वातावरण कारण नहीं है लेकिन नासमझी से जब उसे लगता कि चारों ओर से मैं अनाथ हो गया हूँ, तब उसके एक विश्वास की शक्ति को जगा दिया जाता है। कहा जाता है विश्वनाथ के रहते हुए तुम अनाथ हो नहीं। भगवान् के विश्वास से भर दिया उसके जीवन को और जो भगवान् पर विश्वास करता है जो भगवान् को प्रेम करता है वह किसी से नफरत नहीं कर सकता। सीधा भगवान् के प्रेम का प्रमाण ही यह है कि जो भगवान् को प्रेम करते हैं वे नफरत नहीं कर सकते हैं।

कर न सका प्रेम जो इनसान को, क्या करेगा प्रेम वह भगवान् से।

भौतिक धरातल पर सदाचार की प्रतिष्ठा कर धर्म के साथ कर्म जोड़कर और आस्तिक धरातल पर भगवान् के विश्वास के साथ कर्म जोड़कर भगवान् के संबंधों को स्वीकार करके पूरे विश्व के संबंध स्वीकार कर लिए क्योंकि, भगवान् के नाते सब अपने-अपने हैं कोई पराया नहीं है। अब मैं तीसरी दृष्टि की बात कर रहा हूँ। साक्षात अपरोक्ष दृष्टि, आप में किसी को अपने बारे में यह सवाल नहीं उठता है कि मैं हूँ कि नहीं। सभी को यह लगता है कि मैं हूँ। अपने होने में किसी को संदेह नहीं है। प्रत्यक्ष ज्ञानेंद्रियों के सामने है, परोक्ष विश्वास के सामने है, अपरोक्ष अनुभव के आधार पर है। मैं हूँ ऐसा हमें मालूम पड़ता है। किसी ने हमें सिखाया नहीं है कि तुम हो। मैं हूँ और

साथ ही मालूम पड़ता है कि यह उसकी चेतन संज्ञा है, यानी मैं चेतन हूँ। जड़ उसे कहते हैं जो अपने को भी न जाने और दूसरे को भी न जान सके और चेतन उसे कहते हैं जो अपने को भी जानता हो और दूसरों को भी जानता हो। जो चेतन शब्द है वेदांग में इसको चिद् तत्त्व कहा जाता है। चिद् माने चेतन और चिद् तत्त्व के साथ इसे ज्ञान भी कहा है। ज्ञान तो अनुभव है, अनुभव में न प्रत्यक्ष की जरूरत है न परोक्ष की। प्रत्यक्ष और परोक्ष से रहित जो अनुभव है वह अपरोक्ष है। अपने बारे में सबको लगता है कि मैं हूँ तो मैं का होना हमारे चैतन्य को सिद्ध करता है। वेदांत की भाषा में यदि इसे हम कहें तो चैतन्य का प्रथम प्रत्यय है मैं हूँ। आत्मा उसे कहते हैं, जिसके द्वारा सबकुछ प्रकाशित होता है, किंतु जिसे स्वयं प्रकाशित होने के लिए किसी प्रकाश की आवश्यकता न पड़ती हो। अतः आत्मा स्वयंभू प्रकाश स्वरूप है। अभी आप सुन रहे हैं कि मैं बोल रहा हूँ। आपका सुनना, मेरा बोलना क्या सिद्ध कर रहा है कि हम सब जागे हुए हैं। ये सुनना, बोलना, चलना, फिरना, देखना, करना, उठना, व्यवहार करना जिस स्थिति में होता है उसे कहते हैं जाग्रत अवस्था। लेकिन यह जाग्रत अवस्था पूरी-पूरी आत्मा नहीं है। सोने के लिए आप जाते हो और नींद नहीं आती है, सपने में अटक जाते हो, जाग्रत अवस्था की तरह ही आप स्वप्न में व्यवहार करते हो तो व्यापार करते हो, क्या सिद्ध हुआ, सपने में स्थूल शरीर तो नहीं है, फिर भी आप हो, स्थूल शरीर के बिना भी आप हो। स्वप्न से एक कदम आगे चलते हैं जिसे गहरी नींद कहते हैं और वेदांत की भाषा में जिसे सुषुप्ती अवस्था कहते हैं। गहरी नींद में आप कहते हैं मैं सोया कुछ भी नहीं जान पाया! आप कहते हैं कि मैं कुछ नहीं जान पाया, अरे अज्ञान को तो जान पाया। आपमें यदि प्रकाश न हो तो आप अंधकार को कैसे जान पाएँगे। आप में यदि ज्ञान न हो तो अज्ञान को कैसे जान पाओगे? ज्ञान के द्वारा ही अज्ञान सिद्ध होगा कि ज्ञान हो गया कि जान नहीं पाया। दूसरी बात आप क्या कहते हो ऐसा सोया कि बहुत सुख मिला। लेकिन सोने वाले को अनुभव कैसे हो जाएगा? आपको तो सुख का अनुभव हुआ है। इसका मतलब क्या हुआ, सोना और जागना किसका स्वभाव

है, किसका धर्म है? सोता और जागता मन है। आप मन के धर्म का अध्यारोप अपने ऊपर कर लेते हो, तादात्मय संबंध बना लेते हो शरीर के साथ कि शरीर के सोने को अपना सोना, शरीर के जागने को अपना जागना, शरीर की भूख को अपनी भूख, शरीर की प्यास को अपनी प्यास, शरीर के उत्थान को अपना उत्थान मान लेते हो। जो सुषुप्ति अवस्था में आपको अनुभव या आनंद आया वहाँ क्या कोई साथी था? यह जो अपरोक्षानुभूति है, आत्मा का साक्षात् अपरोक्ष अनुभव है। पूर्ण रूप से जब अपरोक्ष में प्रतिष्ठित अनुभवपूर्वक हो जाता है, मुमुक्षः आत्म का ज्ञान हो जाता है तो एक आत्म सत्ता को छोड़कर कोई सत्ता शेष नहीं रह जाती है। अतः यह पूरा का पूरा विश्व इस आत्मा का विलास ही मालूम पड़ने लगता है। उस स्थिति में कोई और नहीं, कोई गैर नहीं, कोई दूसरा नहीं, कोई तीसरा नहीं, आत्मगत संबंध के कारण एक ही आत्मा है जैसे एक हजार खाली घड़े गंगाजी में डुबा दिए जाएँ तो सभी घड़ों में गंगाजी का जल समान रूप से भरा हुआ होगा। घड़े के भीतर गंगाजी का जल और घड़े के बाहर गंगाजी का जल—

जल में घट है, घट में जल है, बाहर भीतर पानी।
फूटा घट, जल जल ही समाना, यह तथ्य कहियो ज्ञानी॥

और यह शरीर घट है, घड़ा है। लेकिन घड़े में रहनेवाला अपने आपको घड़ा मान ले तो इससे बड़ा दुर्भाग्य उसका क्या हो सकता है। भारतीय वाङ्मय में भारतीय दृष्टि के अंतर्गत भौतिक दृष्टि के आधार पर समाज, आर्थिक दृष्टि के आधार पर परमात्मा, ईश्वर और आध्यात्मिक दृष्टि के आधार पर आत्मा—तीन की सत्ता स्वीकार की गई। यह तीनों दृष्टियों में जब संतुलन स्थापित होता है तो मनुष्य का जीवन बिना किसी के सिखाए विश्व के प्रति उदार हो जाता है। यह उदारता किसमें आई जिसमें आत्मानुभूति हुई, जिसमें आत्मा प्रकाशित हुई, जिसने आत्मा के संबंध को स्वीकार किया। उसने कहा किसी न किसी नाते सभी हमारे अपने हैं, वहाँ कोई कास्टिज्म नहीं है, नेशनलिज्म नहीं है, केवल एक ही है यूनिरिज्म है मानवता। यह उदारता मानवता की पहली दृष्टि है। याद रखो आत्मानुभूतिपूर्वक जो स्वयं

में तृप्त हो चुका है उसको अपने लिए किसी से कोई अपेक्षा ही नहीं रहती है। जिसमें कोई अपेक्षा ही नहीं उसे कोई परतंत्र बना सकता है? जिसमें कोई अपेक्षा ही नहीं उसे कोई गुलाम बना कौन सकता है? हम सबका भगवान् एक है। अतः भगवान् के नाते सभी के लिए प्रेम है तो भगवान् के लिए प्रेम हो जाना अपने लिए स्वाधीन हो जाना, जगत् के लिए उदार हो जाना है। अतः यह उदारता, स्वाधीनता तथा प्रेम भारतीय दृष्टि की संपूर्णता है। वह भारतीय दृष्टि शास्त्रीय शब्दों में, आधिभौतिक दृष्टि, आधिदैविक दृष्टि, आध्यात्मिक दृष्टि और सामान्य भाषा में कर्म की दृष्टि मान्यता की दृष्टि और ज्ञान की दृष्टि है।

□

परिवार बचेगा तो पुरखों का गौरव बचेगा

—विजय कौशलजी महाराज

(प्रसिद्ध श्रीराम कथावाचक वृंदावन)

भारत अगर आज जीवित है, अनेक थपेड़ों के बाद, अनेक आघातों के बाद, अनेक संघर्षों के बाद तो केवल अपने परिवार के कारण से जीवित है। एक कमरे में दो-चार स्त्री-पुरुष, दो-चार बाल बच्चे बैठे हों, उसे कोई परिवार नहीं कहता। परिवार एक जीवंत धारणा है। परिवार संबंधों की एक बड़ी गहरी कड़ी है जो किसी हथौड़े से नहीं तोड़ी जा सकती है। जैसे मकान को बनाने के लिए चार खंभे चाहिए, ऐसे ही परिवार चार खंभों पर टिका है। परिवार एक होने के लिए उसके पूर्वज एक होने चाहिए, उसकी परंपराएँ एक होनी चाहिए, उसके पर्व एक होने चाहिए और उसके प्रतीक एक होने चाहिए। यह चारों जिनके एक होते हैं उनको हम परिवार या परिवार के सदस्य कहते हैं। यह देश आज भी जीवित है, इन चारों के कारण से जीवित है। अपने घर में कोई भी बालक कोई गलत काम करता है, कोई गलत कदम उठाता है तो उसके परिवार के पूर्वज याद दिलाए जाते हैं। दुर्भाग्य से हम अपने पुरखों को भूलते जा रहे हैं। हममें से अपने परदादा का नाम तो शायद ही कोई जानते हैं, किंतु उनके दादाजी कौन थे शायद हमको यह भी मालूम नहीं। हम सुभाष चंद्र बोस का नाम जानते हैं, गांधीजी का नाम जानते हैं, उनके पिताजी के नाम

जानते हैं। किंतु मेरे पिताजी के भी कोई पिताजी थे, उनके भी कोई पिताजी थे, जिनके कारण मैं हूँ—शायद हम नहीं जानते। भारतीय परिवार व्यवस्था को हजार वर्षों के मुसलमानों के दुष्चक्र नहीं तोड़ पाए, आतंक नहीं तोड़ पाया, अन्याय और अत्याचार नहीं तोड़ पाया। जिस समय इस देश में शासक संकल्प लेता था कि सवा मन जनेऊ तुलवा नहीं लूँगा तो भोजन नहीं करूँगा, मतलब जिस देश के शासकों के इतने अपवित्र संकल्प होने पर भी यह देश तब भी सुरक्षित था, भारत तब भी जिंदा था। दो सौ वर्षों की अंग्रेजों की गुलामी भी इस देश का कुछ बिगाड़ नहीं पाई, लेकिन आज भारत, भारत जैसा नहीं दिखाई दे रहा। हमको भारत में भारत ढूँढ़ना पड़ रहा है। यह परिवार कैसे सुरक्षित रहे ताकि भारत सुरक्षित रहे।

आज सारे विश्व में जितनी भी व्यावसायिक कंपनियाँ है, उनका षड्यंत्र व्यापार चलाना है तो भारत में चलेगा और भारत में व्यापार चलाना है तो भारत की परिवार व्यवस्था को तोड़िए। क्योंकि यदि परिवार एक रहता है तो एक टीवी से काम चल सकता है, एक मकान से काम चल सकता है, एक सोफे से काम चल सकता है, एक रसोई से काम चल सकता है। भाई-भाई तोड़ो, बाप-बेटे तोड़ो, भाई-बहन तोड़ो। अलग पलंग चाहिए, अलग साजो-सामान चाहिए। धीरे-धीरे यह प्रवृत्ति बनाई जा रही है कि न लड़का विवाह करने के लिए तैयार है, न पढ़ी-लिखी लड़की विवाह करने के लिए तैयार है, इनको तो अलग रहना है। इससे हमारी दुकानदारी चलती रहनी चाहिए, हमारा व्यापार चलते रहना चाहिए। इस बात को समझने की आवश्यकता है कि जो कार्य सतयुग के राक्षस, हिरण्य कश्यप नहीं कर पाए वह आज फैशन के नाम पर, प्रगति के नाम पर दुनिया की व्यापारिक कंपनियाँ कर रही हैं। इस देश में विश्व का सर्वाधिक मध्यम वर्ग निवास करता है। मध्यम वर्ग की एक कमजोरी है कि वह गरीबों जैसा जीवन जीना नहीं चाहता और अमीर दिखने के लिए अमीरों से होड़ करता है। बाजार से घर भरने के लिए वस्तुएँ खरीदता है और जितनी वस्तुएँ खरीदता है उतनी ही उसकी प्यास बढ़ती जाती है। विश्व की कंपनियों का व्यापार उतना ही ज्यादा बढ़ता जाता है।

इसलिए बंधुओं इस राक्षस को पहचानने की आवश्यकता है। अभी मैं प्रदेश की एक यात्रा में था तो मेरे कई निकट मित्रों ने कहा कि महाराज कहाँ चक्कर में पड़ गए हो, देश समस्याओं से ग्रस्त है। गायों की हत्या हो रही है, देश में मंदिर तोड़े जा रहे हैं, मूर्तियाँ नष्ट हो रही हैं, साहित्य नष्ट किए जा रहे हैं, माताओं-बहनों के शील भंग किए जा रहे हैं। आतंकवाद गली-गली में अपने पंजे गाड़ चुका है। सीमाएँ असुरक्षित हैं। घर से निकलनेवाले पर सायंकाल सुरक्षित आ सकने का कोई भरोसा नहीं है। शिक्षा नष्ट हो रही है, संस्कृति भ्रष्ट हो रही है, देश सुरक्षित नहीं है। इतने प्रकार की समस्याएँ जिस देश में निवास करती हों और जहाँ भ्रष्टाचार शिखर छू रहा है, महँगाई की आँधी चल रही है। शासन पतित हो चुका है, प्रशासन गिर चुका है। इसमें आप परिवार की इतनी छोटी सी अवधारणा लेकर चले हो। मैंने उनसे निवेदन किया कि अगर परिवार सुरक्षित है, अगर परिवार बचेगा तो गाय भी बचाई जा सकती है, मंदिर भी बचाए जा सकते हैं, शास्त्र भी बचाया जा सकता है, संस्कृति भी बचाई जा सकती है।

मैं लगभग 20-22 वर्षों से इस देश में यात्रा कर रहा हूँ। मेरे दो अनुभव हैं, हो सकता है आप मेरे अनुभवों से सहमत न हों। पहला, धर्म का दर्शन कुंभ में हो रहा है, मंदिर में हो रहा है। गंगा घाट पर धर्म का दर्शन है। तीर्थों पर जाओ धर्म का दर्शन है। मंदिरों में धार्मिक स्थलों में जो धर्म दिखाई पड़ रहा है, वह धर्म अब हमारे घरों की सुगंध नहीं है। पूजा-पाठ के नाम पर केवल कर्मकांड किया जा रहा है। लेकिन जैसी धार्मिकता की सुगंध परिवार में होनी चाहिए, वह धार्मिकता इस वक्त परिवार में नहीं है। मनुष्य सब जगह हँस रहा है, बोल रहा है, नाच रहा है और खिलखिला रहा है, लेकिन वही मनुष्य जब घर में आता है तो चीखता है, चिल्लाता है, मुँह फुला कर बैठ जाता है, किसी से बात नहीं करता है। बोलता है तो डाँट कर बोलता है, फटकार कर बोलता है। ऐसा लगता है कि जैसे घर में घर का कोई मुखिया नहीं बल्कि आतंकवादी घर में आ गया हो। ये दो अनुभव पूरे देश में मुझे नजर आ रहे हैं। एक तो धर्म की सुगंध परिवार में नहीं है और परिवार का

वातावरण रसमय नहीं रहा, आनंदमय नहीं रहा। यह जो परिवार की अवधारणा है, इसके पीछे मेरी दो ही कल्पनाएँ हैं, दो ही इच्छाएँ हैं कि जो धर्म की सुगंध तीर्थों में, मंदिरों में आ रही है, वह धर्म की सुगंध हमारे ड्राइंग रूम में, हमारे कमरे में, हमारे बेडरूम में भी आनी चाहिए। हमारा जो घर कलह, कलेश, उदासीनता और उबासी में डूब गया है वह घर फूल जैसा हँसता हुआ, खिलता हुआ, मुस्कुराता हुआ नजर आना चाहिए। पूरे परिवार का वातावरण आनंद से भरा हुआ होना चाहिए। आज दृश्य उलटा दिखाई दे रहा है। सारा गाँव हमारी इज्जत कर रहा है। सारे शहर में हमारी प्रतिष्ठा है, लेकिन हमारा इकलौता बेटा हमसे बोलता नहीं, हमसे बात नहीं करता है। घर के बाहर हम हँसते थे, खिलते थे, लेकिन इकलौती बहू सास की बगल में बैठने को तैयार नहीं है। बेटा हमसे बात करने को तैयार नहीं है। घर में हमारी दो कौड़ी की भी इज्जत नहीं है और रहना इसी घर में है। जाएँ तो जाएँ कहाँ! घर छोड़ा भी नहीं जा सकता और घर में रहा भी नहीं जा सकता। लगभग सभी घरों की ऐसी ही अवस्था हो गई है और जितना बड़ा घर है कलह, क्लेश उतना ही ज्यादा है। बस अंतर इतना है कि छोटे घरवाले घरों की कलह की आवाजें जरा जल्दी सड़क पर आ जाती हैं और बड़े महलों की आवाजें बाहर आने में दरवाजे अधिक पार करने पड़ते हैं, इसलिए देर लगती है। लेकिन कलह, क्लेश उतनी ही है।

इकलौता बेटा कल हमको छोड़कर न चला जाए अथवा ऐसी स्थिति न आ जाए कि हमें घर छोड़ कर किसी कांजी हाउस में जाना पड़े। पहले आवारा और अनाथ पशुओं के लिए कांजी हाउस बनाए जाते थे। अब अनाथ और बेसहारा माँ-बापों के बुढ़ापा काटने के लिए कांजी हाउस बनाए जाने लगे हैं। इनको कहते हैं वृद्धाश्रम, यह दुनिया का सबसे बड़ा पाप है। जिस देश में बड़े-बूढ़े माता-पिता को देवी-देवताओं के रूप में पूजा जाता रहा हो, उन माता-पिता को अपना बुढ़ापा किसी वृद्ध आश्रम में काटना पड़े, इससे बड़ा अपराध कोई हो नहीं सकता। इस पाप की हवा देश के अंदर बहुत तेजी से आई है। मैं आरोप नहीं लगा रहा हूँ, हो सकता है कि वृद्धाश्रम अच्छी

भावनाओं से बनाए जा रहे हों। कोई कहता है कि यहाँ वृद्ध लोग आकर भजन करेंगे, शांति का अनुभव करेंगे। भाइयों भजन से किसी को शांति नहीं होती। अगर भजन से शांति मिलती तो आज सब शांत हो गए होते। सबके घर में भजन होता है तो मैं समीकरण उलट रहा हूँ। शांति भजन से नहीं मिलती अपितु मन जब शांत हो तो भजन कर लेता है। यह सत्य है। मन जब शांत होता है तो भजन हो ही जाया करता है। मन अगर अशांत है, भजन करने बैठोगे तो बहुत सी बातें याद आएँगी, बेटे का व्यवहार याद आएगा, होली-दिवाली पर नाते-पोते याद आएँगे।

किसी वृद्धाश्रम में कोई मनुष्य भजन नहीं कर सकता, इसलिए हमारा घर स्वर्ग जैसा हो, आंनद के फूल उसमें खिले हों, घर हमें छोड़ना न पड़े इसके लिए पारिवारिक जीवन बहुत आनंद का चाहिए। कोई बात करता है कि मरने के बाद स्वर्ग मिलता है, गलत बात है। स्वर्ग भी जीवित को मिलता है, नरक भी जीवित को मिलता है। जिस घर में हम निवास करते हैं स्वर्ग भी इसमें है और नरक भी इसमें है। दोनों कमरे हमारे घर के अंदर बने हुए हैं। आपके दोनों कमरों के किवाड़ खोलता हूँ, लाइट जलाकर देख लीजिए कि आप कौन से कमरे में सो रहे हैं। क्रोध में जीना, कलह में जीना, क्लेश में जीना, कलुष में जीना, कालिमा में जीना, मदिरापान में जीना, मांसाहार में जीना, माता-पिता के अपमान में जीना, भाई-बंधुओं के साथ संघर्ष में जीना, कुकर्म और काले कारनामों में जीना, यही तो नरक है, और कोई नरक नहीं है। सत्य में जीना, शुभ में जीना, धर्म में जीना, सेवा में जीना, परोपकार में जीना, माता-पिता के सम्मान में जीना, भाई-बहनों के प्यार में जीना, लाड़-दुलार में जीना, उजाले और सत्कर्म में जीना यही सत्य है। ये दोनों कमरे आपके घर में ही बने हुए हैं। कुंडी मैंने खोल दी है, निर्णय आप करिए किसमें निवास करना है।

जो नरक में डूबा हुआ हमारा पारिवारिक जीवन है वह स्वर्ग की सुगंध से कैसे भरे? इस पर बहुत प्रवचन करने की आवश्यकता नहीं। आज सर्वत्र यह दशा हो रही है या तो बेटा और बेटियाँ हमसे दूर रहना चाहते हैं या तो हम

उनसे अलग रहना चाहते हैं। रोग का वर्णन करने से रोग दूर नहीं होता। रोग की औषधि देने से रोग दूर होता है। मैं बहुत छोटी-छोटी दो गोलियाँ दे रहा हूँ जो केवल एक्शन ही करती हैं, उनका कोई रिएक्शन नहीं हुआ करता है। पहला जैसे प्रातःकाल से सायंकाल तक जैसी जिसकी जीवनचर्या है उसका पालन करें उसमें मुझे कोई दखल नहीं देना। लेकिन सायंकाल का भोजन पिता के साथ छोटे-बड़े सब एक साथ बैठकर करें, यह मेरी पहली टैबलेट है। घरों को घर ही रहने दीजिए, घरों को गेस्ट हाउस मत बनाइए। सब अपने अलग-अलग कमरे में भोजन कर लेते हैं। रात्रि में देर रात को लड़का आया, क्या खाकर आया, क्या पीकर आया, क्या करके आया, बाप को मालूम नहीं। कितनी रात में किसको मिलकर बाप आया घर में बच्चों को मालूम नहीं। बेटी सहेली के घर होमवर्क करने गई थी, क्या करने गई थी, किसको मिलकर आई, माँ को मालूम नहीं और जब तोते हाथ से उड़ जाते हैं तो केवल रोना बचता है, हाथ में और कुछ बचता नहीं है। इसलिए माताओं की जिम्मेदारी है कि परिवार एकमुश्त रहना चाहिए। जब तक सब नहीं आ जाते, बाप नहीं आ पाता, तब तक बच्चों को भूखा रखो एक दिन, दो दिन, तीन दिन—कब तक समय से नहीं आएगा। जब तक बेटा घर में नहीं आ जाता, बाप को भोजन मत दीजिए। मेरे कारण परिवार में सब लोग भूखे बैठे होंगे। हजार काम छोड़कर वह आएगा और एक बार जब सामूहिक रूप से भोजन करता है व्यक्ति तो बहुत सारी बुराइयाँ अपने आप ही छूट जाती है। अगर बाप भी शराब पीता है तो बाप को भी कुल्ला करके बैठना पड़ेगा। बेटे को भी मुँह धोना पड़ेगा। किसी शराबी बाप को जब उसकी चार वर्षीय बेटी दुतकारेगी तो अगर उसमें बाप का जरा भी जमीर होगा तो वह शराब पीना छोड़ेगा।

एक छोटा सा हवन करिए, हवन से तन भी पवित्र होता है और मन भी पवित्र होता है। भारतीय संस्कृति हवन की संस्कृति है, यज्ञ की संस्कृति है। यज्ञ से देवताओं को भोजन मिलता है और जिसको भी आप भोजन कराएँगे, वह आपको आशीर्वाद देगा। ध्यान देना कि जिस घर में अशुभ आत्माएँ आ जाती हैं, वह उस घर में शुभ कार्य नहीं होने देतीं, अड़ंगा डाल देती है, और

जिस घर में दैवीय आत्माएँ आ जाती हैं लाख आपके दुश्मन हो जाएँ कोई आपका कुछ बिगाड़ नहीं सकता। 'तब-तब प्रभु धरि मनुज शरीरा, हरहिं कृपा निधि सज्जन पीरा'। दैवीय शक्ति आकर आपकी सहायता को खड़ी हो जाएँगी। तो इन अशुभ शक्तियों को भगाने के लिए और दैवीय शक्तियों को बुलाने के लिए साधन है हवन। मैं कभी हेलीकॉप्टर में नहीं बैठा, लेकिन आप जानते होंगे, हो सकता है मैं गलत बोल रहा हूँ कि जहाँ हेलीकॉप्टर उतारा जाता है तो हेलीपैड के पास से एक धुआँ छोड़ा जाता है। पायलट देख लेता है कि हैलीपैड यहीं-कहीं बना हुआ है और विमान को उतार देता है। ऐसे ही जिन घरों से हवन का धुआँ उठता दिखाई देता है पायलट देवताओं के विमानों को उसी आँगन में उतार देते हैं। महीने में दो दिन पूर्णमासी और अमावस्या दो तिथियों को क्यों करना चाहिए, उसका कारण है। पूर्णमासी देवताओं की मानी गई है और अमावस्या पितरों की मानी गई है। पितरों के आशीर्वाद से घर में संतान और संपत्ति आती है। देवताओं के आशीर्वाद से घर के संकट मिटते हैं, घर का वातावरण मंगलमय होता है। इसलिए पूर्णमासी और अमावस्या को ही करना चाहिए। यह हवन परिवार के छोटे-बड़े सब एक साथ बैठकर करें ताकि कम-से-कम 15 दिन में तो बाप-बेटा एक-दूसरे का मुख तो देख लें। 15 दिन में तो सास-बहू एक-दूसरे के पास बैठ सकें, कैसे करना है, बहुत कर्मकांड की आवश्यकता नहीं। फूफाजी की गोद में बच्चे को देना हो तो नहला-धुला कर दिया जाता है और दादाजी की गोद में देना हो तो जैसे हो वैसे ही गोद में दे दिया जाता है। ये जो देवता हैं, ये हमारे दादाजी हैं, इनके लिए विधि-विधान, कर्मकांड नहीं चाहिए, सामान, समिधा, सामग्री, बाजार से लीजिए। बीस गायत्री मंत्र 'ॐ भूःर्भुवः स्वः तत्सवितुर्वरेण्यं भर्गो देवस्य धीमही धियो यो नः प्रचोदयात्' यह 24 अक्षर मंत्र है। 24 गायत्री मंत्र की आहूतियाँ, तीन चौपाई 'जेहि विधि नाथ होय हित मोरा, करहु सो बेगि दास मैं तोरा। स्वाहा॥ मंगल भवन अमंगल हारी। द्रवहु सो दशरथ अजिर बिहारी। स्वाहा॥ दीन दयाल विरद सम्भारी हरहु नाथ मम संकट भारी॥ स्वाहा' और सोलह महामंत्र 'हरे राम, हरे राम, राम राम हरे

हरे, हरे कृष्ण, हरे कृष्ण, कृष्ण कृष्ण हरे हरे' और दो महामृत्युंजय 'ॐ त्र्यम्बकं यजामहे सुगन्धिम् पुष्टिवर्धनम् उर्वारुकमिव बंधनान मृत्योर्मुक्षीय मामृतात्।' मुश्किल से बारह मिनट लगेगा और कोई स्तुति बोल दीजिए, कोई प्रार्थना बोल दीजिए। दस-बारह मिनट का हवन आपके परिवार को धर्म के आनंद की सुगंध से भर देगा। सारे कलह-कलेश परिवार के बाहर चले जाएँगे। परिवार बहुत आनंदमय हो जाएगा। आज परिवार में रहना कठिन हो रहा है, फिर घर छोड़ने का मन नहीं करेगा। भारत पर कितने ही आक्रमण हो जाएँ, जब तक परिवार व्यवस्था जीवित है तब तक वह अपने पुरखों के पराक्रम और गौरव की गाथा याद करता रहेगा। जब तक हम अपने परिवार की ओर जुड़ते हैं, जब तक हम भारतीय संस्कृति के प्रतीक पर्वों को मानते रहेंगे, दुनिया की सारी शक्तियाँ मिलकर भी ताकत के साथ आ जाएँ तो भी भारत का कुछ भी नहीं बिगाड़ सकतीं, कभी बाल भी बाँका नहीं कर सकतीं। भारत भगवान् का बनाया देश है, भारत भगवान् का अपना घर है। इसलिए इसको कोई नहीं बिगाड़ सकता, लेकिन हमारा भी कुछ दायित्व है कि भगवान् के इस मकान को कूड़े-करकट से गंदा न कर इसको साफ-सुथरा रखें, इसको सुरक्षित रखें।

□

केवल अपनी जड़ों से जुड़े रहें

—स्वामी चिदानंद सरस्वती 'मुनिजी'
(परमाध्यक्ष परमार्थ निकेतन ऋषिकेश)

कल रात हालीवुड से मेरे पास मीडिया की एक टीम आई, वे लोग पहली बार थ्री-डी फिल्म बना रहे हैं कि कुंभ का दर्शन पूरे विश्व में हो। भारतीय संस्कृति का यह दर्शन है, उसी दर्शन के अनुरूप इसके लिए कुछ सलाह लेने। उन्होंने एक बात मुझसे कही कि हमें एक बात देखकर बड़ी प्रसन्नता हुई कि यहाँ इस कुंभ मेले में जब हम लोग आए तो हमने देखा "Everybody is full of joy, full of peace, full of love, full of harmony. But when we see in western world where ever we go we see one kind of show in everybody's life" शो का मतलब यह होता है कि जो करने का मन न हो उसे जबरदस्ती करना पड़ेगा। हर वह रीति, हर वह रिवाज, हर वह पद्धति जिसे अपने घर में भी मजबूरी में करनी पड़ेगी। यहाँ मजबूरी नहीं है, अपितु समर्पण है। इसका क्या कारण है? मैंने कहा यही भारतीय संस्कृति है, उसका सार है। यही वे मूल्य हैं, यही वे संस्कार हैं, यही वह संस्कृति है, जिन्हें यहाँ पर पढ़ा नहीं जाता, सीखा नहीं जाता, अपितु जिया जाता है। इसलिए धर्म और रिलीजन में फर्क है। मुझे लगता है कि रिलीजन में सप्ताह में चर्च जाकर या एक दिन अन्य धर्म स्थलों में जाकर उसकी पूर्ति की जा सकती है। लेकिन भारतीय पद्धति एक दिन जाकर जीने की नहीं है। बल्कि हर पल जीने की है, इसलिए यहाँ वह आनंद है, यहाँ मनुष्य टुकड़ों में बँटा होने के बदले शांति वाला है

और जीवन हर दिन श्रेष्ठ से श्रेष्ठतर होता जाता है। वे कारण कहाँ पलते हैं, वे संस्कार कहाँ पाए जाते हैं। उनका यदि कोई पहला यूनिट है, कोई इकाई है तो वह है हमारा परिवार। मैंने कहा जब पति-पत्नी दोनों मिलकर उस इकाई में, उस यूनिट में, उस घोंसले में जीने लगते हैं और एक हो जाते हैं। जो संस्कार हमारे घरों में हैं वे प्रथम दिवस से हैं, अपितु गर्भ में आने से पहले गर्भाधान संस्कार हमारे यहाँ पर है। यहाँ गर्भाधान में भी वह संस्कार दिए जाते हैं। इसलिए जो हमारे पारिवारिक मूल्य थे, पारिवारिक संस्कृति थी हमारे यहाँ आकर भी थोड़े में जीकर भी लोग प्रसन्न हैं। किंतु वहाँ सबकुछ होते हुए भी पूरी लाइफ सेट करने में ही चली जाती है, लेकिन लोगों के जीवन को देखने पर लगता है कि सबकुछ तो 'सेट' है लेकिन खुद 'अपसेट' हैं। यहाँ कल के मीनू का पता नहीं है। परमार्थ में भी मुझे 42 वर्ष हो गए हैं, इससे पहले मैं जंगल में था। मैंने देखा कि उन महात्माओं की, उन व्यक्तियों की जिन्होंने घर-बार छोड़ा, सब छोड़ा और चले गए जंगलों में कुछ भी तो 'सेट' नहीं है। लेकिन उनके चेहरे पर जो शांति देखी, जो मस्ती देखी, जो आनंद देखा, न कुछ होते हुए भी आनंद था। आज सबकुछ होते हुए भी हमारे जीवन की मस्ती, चैन, प्रसन्नता छिनती जा रही है। उसका एक ही कारण है कि हमने अपनी जड़ों से रिश्ता तोड़ लिया है।

भारतीयों को, हिंदुओं को एक ही काम करना है। अपनी जड़ों से जुड़े रहना है और कुछ नहीं करना। कितना ही विशाल वृक्ष क्यों न हो लेकिन जिसकी जड़ें कमजोर हो जाती हैं, वह धराशायी हो जाता है। मेरा इतना ही निवेदन है कि हम अपनी जड़ों से जुड़े रहें। उसके लिए बहुत कुछ नहीं करना है जो हमें बचपन से मिला है, उसी को सहेजना है। मैंने नहीं देखा किसी कुत्ते को कुत्ता बनने के लिए कभी किसी यूनिवर्सिटी में जाना हो, किसी गधे को गधा बनने के लिए किसी विद्यालय में जाना पड़ता हो, गधा-गधा है। लेकिन आदमी को बहुत सारी यूनिवर्सिटी में जाने के बाद भी, बहुत सारी डिग्री प्राप्त करने के बाद भी कई बार कहना पड़ता है कि आदमी बनो। हम भारतीयों को ग्रंथ सबसे ज्यादा मिले, हमें भाषण सबसे ज्यादा मिले, हमें

विचार सबसे ज्यादा और सबसे उत्तम मिले। मैं किसी की निंदा नहीं करना चाहता, किसी को छोटा नहीं मान रहा हूँ। लेकिन अगर आप देखें अपने उपनिषद्, अपने पुराण, अपने वेद और अपना ज्ञान, वह जो भी पढ़ता है उसका अपना हो जाता है। लेकिन जो खोया उसका गम नहीं है जो पाया किसी से कम नहीं है। बस इतना करना है कि उसको जीना आरंभ करें। कोई तुलना नहीं करनी है हमको, वे पारिवारिक मूल्य, वे पारिवारिक संस्कार जो हमें मूल्यवान बनाते हैं बस जीने लगें। भारत अर्थ की वजह से नहीं, भारत इन संस्कारों की वजह से जिंदा रहेगा। चिंता नहीं करनी हमें कि भारत बनने जा रहा है सुपर पावर, बनने जा रहा है आर्थिक पावर, लेकिन भारत यदि जिंदा रहेगा तो अर्थ के बल पर नहीं, भारत को जो धर्म मिला है उसी के बल पर। जिस दिन हम राष्ट्र से जुड़ जाएँगे, तब कहेंगे 'इदं राष्ट्राय स्वाहा इदं न मम' जब व्यक्ति राष्ट्र के लिए समर्पित हो जाता है तब यह छोटी-मोटी सुविधाओं को नहीं देखता, तब वह छोटे-मोटे विचारों के लिए नहीं उलझता। यही तो हम लोगों के महाकुंभ की परिकल्पना थी जो भी विचार पिछले वर्षों उत्पन्न होते थे, समय-समय पर उत्पन्न होते थे उन सब को संस्कार के रूप में स्वस्थ और सतत वैचारिक प्रक्रिया के द्वारा संत लोग इन मंचों से, कुंभ के मेलों में दिया करते थे और सच मानिए यही तो अमृत है।

□

आत्मग्लानि नहीं, आत्म गौरव से आगे बढ़ें

—श्री दत्तात्रेय होसबोले
(सह सरकार्यवाह राष्ट्रीय स्वयंसेवक संघ)

जन साधारण और महिलाओं की उपेक्षा, इन दोनों को मिटाए बिना भारत के उत्थान का सपना देखना हवा में महल बनाने जैसा है। विवेकानंद ने इन दोनों उपेक्षाओं के बारे में बताया था। समाज के अंदर विषमता का अनुभव कर रहे वर्गों के बारे में सोचना केवल गरीबी को दूर करना नहीं बल्कि सामाजिक प्रतिष्ठा, न्याय, समरसता के बारे में सोचना है। पिछले 60 सालों से हम भारतीय मन और समाज के अनुरूप व्यवस्था विकसित नहीं कर पाए हैं। थोड़े बहुत प्रयास हुए हैं। आज न्यायिक व्यवस्था में कितने लाख मामले हिंदुस्तान की अदालतों में पेंडिंग हैं? क्या हमारी निर्वाचन व्यवस्था आज फूल प्रूफ है, पारदर्शी है? सच में लोकतंत्र को उभारने वाली व्यवस्थाएँ हैं या पैसे, बाहुबल के आधार पर खड़ी है? इसलिए हमने जो मॉडल खड़े किए हैं, शिक्षा के, अर्थव्यवस्था के, न्यायिक अदालतों की व्यवस्था के, प्रशासन व्यवस्था के, निर्वाचन व्यवस्था के, सारी व्यवस्थाएँ ऐसी रहेंगी तो बाकी लक्ष्यों को पूरा नहीं कर सकते। जब तक व्यवस्थाएँ ऐसी हैं आप सामाजिक सुरक्षा और बुनियादी आवश्यकताओं को पूर्ण नहीं कर पाएँगे। राष्ट्रीय एकता को मजबूत नहीं कर पाएँगे। इन व्यवस्थाओं में परिवर्तन चाहिए, पिछले 500 वर्षों में दुनिया एक यूरोपीय दुनिया

बनी है। अंग्रेज दुनिया के अंदर गए, फ्रेंच गए, डच गए, उन्होंने वहाँ संस्कृति को नष्ट किया। उन्होंने वहाँ के लोगों को लूटा और गुलाम बनाया और वहाँ सब समाप्त करते हुए अपनी धारणाओं को थोपने का सफल प्रयास किया। जो यूरोप केंद्रित व्यवस्थाएँ हैं, उन्हीं को हमने स्थायी, अमर मान लिया है। आज इसमें परिवर्तन होना चाहिए, मगर कैसे होगा? हमको तो वही रास्ता मालूम है जिस पर दुनिया चल रही है। इस व्यवस्था के परिवर्तन की आवश्यकता है। राष्ट्रीय पुनर्निर्माण का, राष्ट्रीय पुनरुत्थान के एक नए प्रारूप को बनाना पड़ेगा।

मुख्य मुद्दा यह है कि राष्ट्रीय पुनरोत्थान हम किसको मानते हैं? क्या भारत को अमेरिका जैसा अमीर देश बनाना पुनर्निर्माण है? क्या भारत अंग्रेजों जैसे साम्राज्य खड़ा करे, उसे हम पुनर्निर्माण मानते हैं? भारत का हम निर्माण कर रहे हैं, दुनिया में फिर से उपनिवेशवाद लाने के लिए, तृतीय विश्व युद्ध खड़ा करने के लिए या दूसरों का शोषण और खून चूसने के लिए नहीं? जैसा अरविंद ने कहा भारत उठेगा, भारत उठेगा तो यह दुनिया को अपना आध्यात्मिक प्रकाश देने के लिए। ज्ञान के प्रकाश को दुनिया के चारों ओर बिखेरने के लिए भारत उठेगा। आज देश के अंदर 10-20 करोड़ लोग अच्छी स्थिति में होंगे। मध्यम वर्ग बढ़ रहा है। लेकिन उससे भी निचले जो वर्ग हैं, उन्हें मजबूरी से भगवान् ने ऊपर उठाया ही नहीं, इसलिए जी रहे हैं। उनकी स्थिति कर्मों के कारण नहीं समाज की उपेक्षा के कारण है। भारत की एक विलक्षण स्थिति आज हो गई है। भारत में मोबाइल की क्रांति हो गई है। इलेक्ट्रॉनिक क्रांति हो रही है, लेकिन भारत में इस संचार क्रांति से, विज्ञान की प्रगति से वंचित लोगों की संख्या कम नहीं है। लेकिन हमको वह भारतीय नहीं दीखता है जो संकट में है। देश में माओवाद और नक्सलवाद के विषय में उल्लेख किया गया है। आज अखबारों में उन 75-80 मृतकों के सामने भारत के गृहमंत्री खड़े होकर सैल्यूट मारते हुए चित्र अखबारों में आए। यह तो भारत की संप्रभुता को एक चुनौती। भारत के संसद पर आक्रमण हुआ, मंदिरों पर हमले हुए। कोई बड़ा शहर आज उस सूची से बाहर नहीं जिस पर आतंकवादियों के कुछ-न-कुछ आक्रमण हुए हैं। हिंदुस्तान के हर

शहर में आतंकवादी वारदातें हुईं। आंतरिक सुरक्षा नहीं, सीमा की सुरक्षा नहीं। सांस्कृतिक प्रदूषण और नैतिक अवनति है। जातिवाद, भ्रष्टाचार से हम लोग ऊपर नहीं उठ सके। सांस्कृतिक प्रदूषण है, सांस्कृतिक आक्रमण है। नैतिक पतन का है लेकिन दूसरी ओर लाखों की संख्या में हिंदुस्तान के लोग संत-महात्माओं के प्रवचन में नैतिकता की, धर्म की, संस्कृति की, स्वदेशी की, समाज की बातें करते हैं। भारत का नेतृत्व क्या कर रहा है? सुरक्षा के संबंध में, विकास के संबंध में, भारत की राष्ट्रीय एकता के संबंध में, विदेश के साथ संबंध रखने के बारे में आज हिंदुस्तान के अंदर आम सहमति नहीं है। धर्म के बारे में उनका कहना है कि धर्म प्राइवेट बात है। तो धर्म एक अछूत विषय हो गया है अपने सार्वजनिक क्षेत्र में, हमारे संसद में, विधान सभा में आप धर्म का उल्लेख नहीं कर सकते। हिंदुस्तान के मीडिया में, संसद में, विधान सभा में धर्म वर्जित है। यह कैसे हो गया। इसलिए सुरक्षा, एकता, ज्ञान, विकास इन सभी विषयों के बारे में आम सहमति की आवश्यकता है। इन सारे विषयों से घिरे हुए युवा के लिए भविष्य का सपना देखने की भूमिका क्या है?

हम लोगों ने एक सपना देखा था कि देश के अंदर एक परिवर्तन हो जाएगा। तब हम तो कॉलेज में पढ़ते थे। उस समय हमको लगता था कि जयप्रकाश आंदोलन भ्रष्टाचार को देश से मुक्त करेगा। एक प्रचंड उत्साह को लेकर हम निकले थे, लेकिन थोड़ा पीछे मुड़कर हम देखते हैं कि पिछले 25 वर्षों में देश के अंदर कोई परिवर्तन की लहर, परिवर्तन का आंदोलन शायद फिजूल है। ऐसा नहीं है, हर पीढ़ी को अपना दायित्व निभाना पड़ता है। स्वतंत्रता आंदोलन 1857 से 1947 तक 90 वर्षों में सफल हुआ। लगातार प्रयास करना पड़ता है। एक समाज को संघर्ष का सपना देखने की आदत बनानी पड़ती है। इसलिए हर पीढ़ी का अपना एक कर्तव्य है। मेरा मानना है कि समाज के जीवन प्रवाह में ऐसा हर प्रयास अपने में योगदान होता है, अपने को इतिहास के अंदर दर्ज करता है। मनुष्य चिंतन का जो प्रवाह है, कर्म की जो आदत है, इसी कारण से पड़ती है। इसलिए युवाओं से सर्वप्रथम

मैं यह कहना चाहता हूँ कि उनकी भूमिका यह है कि प्रयत्नशील रहना, परिश्रम करना, साहसिक स्फूर्ति रखना और सपने देखना। जैसे डॉ. अब्दुल कलाम कहते हैं कि आप सपने देखें। 'भारत कैन डू इट' ऐसा एक क्लब है। भारत कैन डू इट, ऐसा कहने वाले वर्ग को सकारात्मक चिंतन की ओर लाने वाले युवा चाहिए। युवा वही होता है जो साहसिक प्रवृत्ति की चुनौतियों को स्वीकार करे, संकट को उसके सिर पर मारकर आगे बढ़े। एक समर्पण भाव के चरित्र से समाज के जीवन में सरोकार से जुड़े रहने की संकल्प शक्ति युवाओं के अंदर विकसित करनी है। युवाओं में चकाचौंध देखकर जल्दबाजी में सफलता पाने की एक इच्छा हो जाती है। मैं राजनीतिक क्षेत्र में गया तो 30 साल से जो किसी ने कमाया मुझे तीन साल में मिलना चाहिए। युवाओं को आज यही चिंता है कि तीन साल के अंदर मुझे बिजनेस में करोड़पति बनना है। रास्ता क्या हो नहीं देखना। जिसको सफलता आज की परिभाषा में कहते हैं वह जल्दबाजी समाज के पुनरुत्थान के लिए एक उपयुक्त बात नहीं होगी। आगे बढ़ने में चरित्र के संस्कार की बात आवश्यक है। इसको छोड़कर हम भारत के उत्थान का सपना नहीं देख सकते। चार दिन, चार लोग एक ही दिशा में रहें, यह हमारी स्थिति नहीं रही। आपस में विखराव, आपस में द्वेष, एक सांगिकता नहीं है।

'तन समर्पित, मन समर्पित और यह जीवन समर्पित, चाहता हूँ तुझे मातृभूमि करूँ कुछ और भी समर्पित' कहते तो हैं लेकिन होता नहीं है। मन समर्पित हुए बिना सांगिकता, सामूहिकता संभव नहीं है। सतत सामूहिकता से एक दिशा में चलने वाले युवा हिंदुस्तान के पुनरुत्थान का अध्यायों में लिखते हैं। राष्ट्रीय और वैश्विक दृष्टिकोण दोनों आवश्यक है। लोग विश्व के बारे में कहते हैं कि द्वेष नहीं, दुनिया में किसी देश से द्वेष नहीं लेकिन अपने देश के बारे में? जगत् के बारे में हम सपना देखते हैं और भारत के बारे में संकल्प नहीं है। पुनरुत्थान में एक और बिंदु है कि हम 5000 या 10000 वर्ष पुरानी सभ्यता-संस्कृति हैं। अनुभव करते हैं, आनंद भी लेते हैं, स्वाभिमान है। समाज को हजारों वर्षों से विकसित किया। इसलिए वर्तमान

में अनुकूल भारत के निर्माण के प्रयास हों। लेकिन वह करते हुए, अपने देश को गाली देते हुए अपनी विरासत को भूलने का काम भी नहीं करना है। इसलिए यह संतुलन युवाओं को करना पड़ता है। आधुनिक भारत कैसे हो सकता है यह सोचने पर प्रयास करने का काम युवा का है। हर आधुनिक युवा को पश्चिमी होने की जरूरत नहीं है, आधुनिकता भारत में भी हो सकती है। युवाओं को इस प्रकार के काम से अपनी भूमिका बनानी चाहिए। व्यक्ति के चरित्र से राष्ट्रीय चरित्र तक विकसित होने वाले ऐसे युवा भारत के पुनरुत्थान के नए अध्याय लिखेंगे।

सत्य, पवित्रता और निःस्वार्थ के साथ आगे बढ़ने से पृथ्वी का कोई व्यक्ति आपको रोक नहीं सकता। विवेकानंद ने कहा है कि मन, शरीर और वाणी आप विश्व कल्याण के लिए रखें। 'मातृ देवो भवः, पितृदेवो भवः' कहा जाता है, लेकिन मैं कहता हूँ दरिद्र देवो भवः, दरिद्रों को निरक्षरी लोगों को, अज्ञानी लोगों को देवता के रूप में देखने वाले लोग होने चाहिए। भारत में नोबेल पुरस्कार से सम्मानित वैज्ञानिक रहे हैं। युवकों को निराश नहीं होना है और साहस से काम लेना है। जो कार्य आपके सामने है उसे पूरे साहस और लगन से करने पर ही सफलता मिलेगी। बिना इस डर से कि मेरी बात गलत ठहराई जा सकती है। मैं विश्वास से कह सकता हूँ कि भारत वर्ष की बुद्धि का स्तर दूसरी मानव जातियों की बुद्धि के बराबर है। हममें कमी है तो शायद साहस की, हम में कमी है तो इच्छा शक्ति की। आज भारत में पराजय की भावना को छोड़ने की आवश्यकता है, हमें जीत की भावना के उद्गम की आवश्यकता है। उस भावना की आवश्यकता है जो विश्व में हमें उचित स्थान दिला सकती है। वह भावना, जो पहचान बनाए कि हम लोग एक गौरवशाली सभ्यता के उत्तराधिकारी हैं। अगर वह भावना सही हो जाती है तो जो हमारे भाग्य में है, उसे हमें लेने से कोई नहीं रोक पाएगा। हिंदुस्तान में लगभग 3000 व्यक्ति इस तरह से काम कर रहे हैं। अलग-अलग उद्देश्य से कर रहे हैं। अखबारी प्रसिद्धि के लिए किसी न प्रकार की स्वार्थसिद्धि के लिए काम नहीं करनेवाले, सामाजिक दृष्टि से एक संवेदनशील होकर उस

कर्म में लगे हुए नौजवान बड़ी संख्या में हैं। इस प्रकार के रचनात्मक कार्यों की मनुष्य के भौतिक जीवन के उत्थान के लिए आवश्यकता है। एक आँख में आँसू और एक आँख में आग यह युवाओं को चाहिए। आग इसलिए चाहिए कि अज्ञानता के खिलाफ लड़ने की प्रवृत्ति हो तथा आँसू इसलिए चाहिए कि गरीब की सहायता कर सकें।

□

बाजारवादी व्यवस्था में भारतीय सेवा दृष्टि

—श्री शिव प्रकाश

(तत्कालीन क्षेत्र प्रचारक राष्ट्रीय स्वयंसेवक संघ)

प्राचीन समय से ही अपने देश में एक प्रथा रही कि अपने देश के साधु संत, ऋषि मुनि समाज का विचार करनेवाले सभी बंधु, अपने समाज के बारे में, अपने देश के संबंध में कौन सी परंपराएँ, कौन सी समस्याएँ, कौन सी नई व्यवस्थाएँ लागू करने की आवश्यकता हो—इसका विचार कुंभ के अवसर पर करते थे। कुंभ के बारे में सुना बहुत था, लेकिन साक्षात् इसी वर्ष देखने का अवसर प्राप्त हुआ। पहले तो यह बात सुनकर और पढ़कर विश्वास होता था, अब देख कर लगता है कि किस प्रकार संपूर्ण भारत अथवा संपूर्ण विश्व श्रद्धा और भक्ति को लेकर यहाँ पर एकत्रित होता है और भिन्न विषयों पर किस प्रकार की चर्चा इस कुंभ में भी होती है।

कुंभ भी भारत की एक दृष्टि को प्रकट करता है, भारत की दृष्टि सेवा दृष्टि है। तो अपने मन में एक प्रश्न आएगा कि जो अपने चारों तरफ दिख रहा है यह बाजार है क्या? यह जो अपने चारों ओर का चराचर जगत् है, इस चराचर जगत् में केवल मनुष्य मात्र नहीं बल्कि, जीव-जंतु, कीड़े सबके अंदर एक ही परमात्मा का वास है। जिसको सरल शब्दों में कहा गया कि जो पिंड के अंदर है, वही ब्राह्मांड के अंदर है। समाज को चलाने के लिए अनेक प्रकार

की व्यवस्थाओं का निर्माण हुआ है। एक प्रकार की व्यवस्था पश्चिमी संस्कृति है। आर्थिक आधार पर भी एक व्यवस्था का निर्माण हुआ, जिसके पीछे कार्ल मार्क्स का चिंतन था। आर्थिक आधार पर विचार करने के पश्चात् दुनिया का संचालन करने के लिए अनेक प्रकार की व्यवस्थाएँ निर्मित हुईं। भारत वर्ष की दृष्टि में मौलिक अंतर था। दुनिया में ऐसा लगने लगा कि आर्थिक व्यवस्था ही तो एकमात्र व्यवस्था है। उत्तम व्यवस्था ही अपने देश के लोग भी उससे प्रभावित हुए। इसलिए रूस की दृष्टि हो कि पश्चिम की दृष्टि हो इनका प्रभाव भारत के अंदर भी पड़ा और वही दृष्टि थी बाजारवादी दृष्टि।

अपने देश में कहा गया कि कोई भी दुखी नहीं रहना चाहिए, चराचर जगत् के अंदर सभी सुखी रहने चाहिए। केवल ग्रंथों में ही नहीं कहा है, अपितु अपने देश में इसका उदाहरण भी प्रस्तुत किया है। यह सबका विचार करनेवाली, इंटीग्रेशन में सोचने वाली एकात्मक दृष्टि थी। लेकिन पश्चिम की दृष्टि ऐसी नहीं थी, पश्चिम की दृष्टि ने टुकड़ों में विचार किया। पश्चिमी समझ के अनुसार परमात्मा ने स्त्री को पुरुष की पसली से उत्पन्न किया, इसलिए स्त्री आत्मा रहित है। लाखों महिलाओं को उन्होंने चुड़ैल, डायन कहकर मार दिया कि इनके अंदर परमात्मा नहीं है। इस खंडित दृष्टि के कारण कार्ल मार्क्स ने कहा दुनिया दो हिस्सों में बँटी है। जो संपन्न है वह अपने यहाँ के निर्धन लोगों का शोषण करता है। एक शोषक है और दूसरा शोषित है। इसलिए समाज के अंदर एक मात्र आधार है। अतः शोषणवादी मानसिकता से उबर कर सबको सम्मान दिलाना चाहिए। शोषित को संगठित होकर इस पूँजीपति समाज को मारकर, उसकी संपत्ति पर कब्जा कर लेना चाहिए। इसी से 1917 की क्रांति हुई। इस खंडित दृष्टि के कारण से एक नए प्रकार की आर्थिक व्यवस्था का निर्माण किया। लेकिन उसमें भी शोषण ही था क्योंकि समग्र चिंतन नहीं किया गया। अमेरिका में भी एक प्रकार की व्यवस्था का निर्माण हुआ। उन्होंने कहा कि व्यक्ति स्वतंत्र है, व्यक्ति की इच्छाएँ हैं। व्यक्ति स्वतंत्र होने के कारण से उसको जो चाहिए वह प्राप्त होना चाहिए। इसलिए दुनिया में जितने भी प्रकार के साधन हैं वे सारे साधन

व्यक्ति की सुविधा के लिए हैं और व्यक्ति स्वातंत्र्य का सिद्धांत लेकर जो पश्चिमी जगत् खड़ा हुआ तो बाजारवाद का जन्म हुआ। छोटी मछली खाई जाने के लिए ही पैदा हुई है, इसको मत्स्य न्याय बोलते हैं। एक ऐसे बाजार व्यवस्था का निर्माण उन्होंने किया, जिसमें धोखा छल उचित है, क्योंकि व्यक्ति को संपन्न होना चाहिए, उसके पास संसाधन होने चाहिए जिसके पास अधिक संसाधन होंगे दुनिया उसकी बातें मानेगी और अधिक संसाधन प्राप्त करने के लिए दूसरा भूखे भी मरता है तो इसकी चिंता करने की आवश्यकता नहीं है। अमेरिका के अंदर कुल दुनिया की 4 प्रतिशत आबादी है लेकिन दुनिया के 40 प्रतिशत प्राकृतिक संसाधन का उपभोग वह अपने लिए करता है। दूसरों के शोषण के आधार पर उन्होंने अपने को संपन्न बनाया और अपने को इतना अधिक सुविधाभोगी और खर्चीला कर लिया है कि अब अपना खर्चा कम नहीं कर सकते। मान्यवर दत्तोपंत ठेंगड़ी ने 1990 में एक कार्यक्रम में कहा कि 2010 के पश्चात् एक ऐसा समय आएगा जब दुनिया में अमेरिका नंबर एक नहीं रहेगा। अभी कुछ दिनों पहले देखा कि उनका एक बैंक घाटे के अंदर आया तो संपूर्ण दुनिया में किस प्रकार अमेरिका की अर्थव्यवस्था गड़बड़ा गई। अमेरिका कहता है कि वह आतंकवाद से लड़ेगा, दुनिया के अंदर शांति लाएगा। लेकिन इनकी प्राथमिकता आतंक समाप्त करना नहीं है, अपने देश के शस्त्रों की बिक्री कैसे हो और उन शस्त्रों के आधार पर हम अधिक संपन्न कैसे बनें, इसलिए आतंकवाद बढ़ता रहे। यह है बाजारवादी मानसिकता, बोलना कुछ और करना कुछ। एक बाजार के अंदर एक व्यक्ति तलवार बेचने गया लेकिन तलवार के ऊपर उसने जो कवर चढ़ाया था बहुत सुंदर था और उसकी मूठ भी बहुत सुंदर थी। उसी बाजार में एक घी बेचने वाला आया इसने डिब्बे में नीचे गोबर भरा हुआ था और ऊपर घी भरा था। दोनों के सामान की बिक्री नहीं हुई। अंत में क्या हुआ, तलवार वाले को भी आवश्यकता थी और घी वाले को भी। दोनों ने एक-दूसरे की चीजें बदल लीं, दोनों ही सोच रहे हैं कि मैं इसको नकली माल दे रहा हूँ और असली माल ले रहा हूँ। किंतु जब खोल कर देखा तो दोनों ही सिर

पीटने लगे। यह बाजार की मानसिकता होती है।

आजकल नए-नए शब्द चल पड़े हैं, ग्लोबलाइजेशन हो रहा है और एक ग्लोबल मार्केट हो गया है। विश्व एक बाजार हो गया। बाजार, बाजारवादी मानसिकता भारत की विशेषता नहीं है। कोपेनहेगेन के अंदर आठ हजार दुनिया के वैज्ञानिक यह विचार करते रहे कि दुनिया के अंदर पर्यावरण पर संकट आ गया, प्रदूषण बढ़ रहा है, यह समस्या दुनिया की समस्या हो गई। हम भारत का भी विचार करते हैं तो कहते हैं 17 फीट प्रतिवर्ष गंगा का ग्लेशियर गोमुख पीछे की ओर जा रहा है। कल ही मैंने एक समाचार-पत्र में पढ़ा कि गंगा की धारा दूसरे स्थान से निकलने लगी है। यह स्थिति केवल भारत नहीं अपितु दुनिया की समस्त नदियों की है। यदि हम विचार करें तो आज जल, अन्न और वायु तीनों प्रकार के संकट उत्पन्न हो गए हैं। आज जल शुद्ध नहीं है, वायु शुद्ध नहीं है, अन्न शुद्ध नहीं है।

सृष्टि में कोई भी चीज ऐसी नहीं जो बेकार है। चराचर जगत् के अंदर उन सबके साथ हमारा संबंध है। यह संबंध की दृष्टि केवल ग्रंथों में नहीं है। यह हमारे व्यवहार में आया है। कहते हैं, स्वामी रामकृष्ण परमहंस अपनी कुटिया के अंदर बैठे थे, पास में साधु-संत बैठे थे। बहुत जोर से चिल्लाने लगे, बचाओ! बचाओ!, सब आश्चर्यचकित हो गए कि क्या हो गया रामकृष्ण परमहंस को? थोड़ी देर बाद शांत हुए तो रामकृष्ण परमहंस ने कहा कि मैंने बैठे-बैठे सोच लिया कि मेरी कुटिया के आगे जो घास है, वह और मैं तो एक ही हैं, दो नहीं हैं। इतनी देर में एक गाय घास के ऊपर जा रही थी और गाय के खुर के निशान पड़ रहे थे तो मुझे लगा कि ये मेरे शरीर पर पड़ रहे हैं? हम उसके साथ एकसार हो सकते हैं। यह प्रकृति के प्रति भारतीय दृष्टि है। महाराष्ट्र के रहनेवाले संत, काशी से गंगाजल भर काँवड़ में लेकर जा रहे थे। पैदल-पैदल यात्रा चल रही थी। एक स्थान पर देखा कि घायल गधा पड़ा है। गधा चल नहीं सकता था, उसको भूख और प्यास लगी थी। संत एकनाथ के मन में एक प्रश्न आ गया कि मेरी काँवड़ के अंदर जल है और गधा प्यास से तड़प रहा है, हमने सुना है कि परमात्मा सबमें एक ही है तो

रामेश्वरम का शिव और इस गधे के अंदर का शिव एक हुआ। उन्होंने अपने काँवड़ का जल निकाला और निकालकर गधे के आगे करके बोले, 'बिट्ठल तुम मेरी परीक्षा लेने के लिए आए हो, जो रामेश्वरम में है, वही तो तुम हो, लो बिट्ठल जल पिओ! बिट्ठल जल पिओ! बिट्ठल जल पिओ।' पशु-पक्षी के साथ संबंध संत एकनाथ करते हैं और तो और हर घर की महिला अपने बच्चों को लोरी सुनाते समय कहती है कि चंदा मामा आ जा और दूध मलाई खा जा! चंदा मामा हमारा मामा है। अर्थात् इस सृष्टि के अंदर खगोल-भूगोल जो भी है सबके साथ हमारा संबंध है। यह जो दृष्टि है, यह दृष्टि भारतीय दृष्टि है और यह दृष्टि बाजारवादी दृष्टि नहीं है। यह दृष्टि सबका कल्याण करनेवाली दृष्टि है। जिसको हम कहते हैं—'सर्वे भवन्तु सुखिनः सर्वे सन्तु निरामयाः।' यह वह दृष्टि है। हमारे यहाँ सरल शब्दों में कहा गया कि कमाना खूब, दोनों हाथों से कमाना, दोनों हाथों से खर्च करना, लेकिन कमाते समय अपने मन के अंदर का एक भाव रखना, 'गोधन, गजधन, बाजधन और रतनधन खान। जब आवै संतोष धन सब धन धूरि समान।'

एक बार विवेकानंदजी कोलकाता के फुटपाथों पर घूमते आ रहे थे। वहाँ पर सूखा पड़ गया था, भुखमरी थी, रोग थे तरह-तरह के। रामकृष्ण परमहंस के सामने आ गए और बड़े उद्वेलित होकर बोले, गुरुदेव कैसा भगवान् का न्याय? कितनों के पास धन है और कितने लोग ऐसे हैं, जिनके पास खाने को नहीं है, ऐसे उन्माद ग्रस्त हैं। तो रामकृष्ण परमहंस ने कहा कि ऐसे लोगों को देखकर तेरे मन में कौन सा भाव आता है? उन्होंने कहा मुझको लगता है कि उनको न्याय मिलना चाहिए। गुरु कहते हैं, अरे नरेन! तेरे मन का विस्तार हो रहा है। तेरे अंदर के विराट् का विस्तार हो रहा है। आज तू कोलकाता के लिए सोच रहा है। क्या तू संपूर्ण देश के लिए सोचेगा, यही दृष्टि तो होनी चाहिए।

भारत की यही दृष्टि बाजारवादी मानसिकता से उभर कर संपूर्ण दुनिया को सेवा की दिशा में ला सकती है। सेवा करनेवाले लोग आज दुनिया में बहुत हैं, कुछ लोग अपने धर्म या पंथ के लिए सेवा करते हैं। यह सेवा नहीं

है, बाजार है कि तुम हमारा धर्म लो हम तुम्हारे लिए स्कूल चलाएँगे, धर्मांतरण करते हैं। सेवा की दृष्टि में धर्मांतरण की आवश्यकता नहीं है। संपूर्ण समाज के अंदर है, वह मेरा है। मैं अलग नहीं हूँ यह जो भाव है सेवा करने के लिए प्रेरित करता है। वह कहते हैं, परम पूजनीय गुरुजी से एक बार एक कार्यकर्ता ने पूछ लिया कि गुरुजी समरसता आज की दृष्टि में क्या है। गुरुजी ने कहा कि आओ, हाथ पकड़ा, बाहर सड़क के किनारे ले गए। एक महिला वहाँ सड़क के किनारे भिक्षा माँग रही थी। लंबे बाल, काली कलूटी महिला, उस कार्यकर्ता का हाथ पकड़ कर कहा कि इस महिला को अपनी बहन मान लो। समरसता आ जाएगी। हे भगवान्! तुमने ही हमको दिया, तेरे लिए ही सबकुछ समर्पित है, जो कुछ है वह तेरा ही है। यह जो संवेदनशीलता है, जो दृष्टि है वही सेवा की दृष्टि है और वही भारतीय दृष्टि है, यही दृष्टि दुनिया को देनी है। ताकि शोषण मुक्त संरक्षण वाले एक ऐसे विश्व का निर्माण होगा जिस विश्व के बारे में कोई राम राज्य शब्द का प्रयोग करता है। भारत इसका प्रतिनिधित्व करता है। भारत का प्रतिनिधित्व हम लोग करते हैं, इसलिए एक समरस भारत का निर्माण हम सब करें। इस सेवा के बल पर करें।

□

हर दिन माँ-बाप का होता है

—डॉ. अनिल जैन
(राष्ट्रीय मंत्री भाजपा)

वैश्विक संघर्ष को कम करने, समाप्त करने में भारतीय संस्कृति की प्रमुख भूमिका है, संघर्ष में नहीं। आखिर वैश्विक संघर्ष किन-किन बातों पर हो रहा है? सभ्यताओं का संघर्ष रहा। सभ्यताओं के संघर्ष में भी भारत भूमि से जो लोग दुनिया भर में गए उन्होंने कभी अपनी सभ्यता दूसरों पर थोपने की कोशिश नहीं की। दक्षिण पूर्व में कभी हिंदू राजा राज्य करते थे, लेकिन उन्होंने वहाँ की भौगोलिक, सांस्कृतिक, आवश्यकताओं के अनुरूप राज्य किया। वहाँ की परंपराओं को बढ़ाया। कभी अपनी बात को थोपा नहीं और बढ़ाई तो एक ही बात बढ़ाई की किस प्रकार से, कितनी श्रेष्ठता से जीवन जिया जा सकता है। अर्थात् जीवन जीने की कला दुनिया में सिखाई और भाव था कि विश्व को श्रेष्ठ बनाना है। कभी हमारे यहाँ सभ्यता के नाम पर या सीमाओं के विस्तार के नाम पर एक हाथ में खड़ग और दूसरे हाथ में धर्मग्रंथ लेकर पाठ नहीं पढ़ाए गए। यह संस्कृति सहिष्णुता की, त्याग की, परस्पर समन्वय की संस्कृति रही है। सीमाओं के विस्तारवाद की संस्कृति के कारण वैश्विक संघर्ष हुए। इसमें भी भारत भूमि ने, भारतीय संस्कृति ने दुनिया को मार्ग दिखाया। हमारे यहाँ अनेक मत-मतांतरों के लोग आए, उनका हमने स्वागत किया। आज के विश्व में बहुत बड़ा कारण वैश्विक संघर्ष का बाजारवाद और भोगवाद है। यह अजीब विडंबना है और इसमें

हमारा समाज भी प्रभावित हो रहा है। अनेक प्रकार की प्रवृत्तियाँ इस देश में चल पड़ी हैं। बाजार को बढ़ाने के लिए बाजार में सामान ज्यादा बिके इसी के लिए विभिन्न प्रकार के उत्सवों की उत्पत्ति की है। फादर्स डे होता है, मदर्स डे होता है, फ्रेंड्स डे होता है, वेलेंटाइन डे होता है। हमारे भारतीय समाज में, भारतीय संस्कृति में 365 दिन माता-पिता के होते हैं। एक दिन माता-पिता का मानकर 364 दिन उनको भुला देने की अपनी संस्कृति नहीं है। उनके कार्ड बिकें, उनके गिफ्ट बिकें, उनके सामान बिकें, यह बाजारवाद की योजना है और इसमें हम लोग भी बह रहे हैं। हमको विभ्रम की स्थिति में डाला जा रहा है। बाजारवाद से भोगवाद। भोगवाद के कारण ज्यादा-से-ज्यादा संसाधनों पर हमारा अधिकार हो, इससे आपस में संतुलन बिगड़ता है तो बिगड़े। गरीब और गरीब होता जाता है, अमीर और अमीर होता जाता है, लेकिन इसकी चिंता नहीं है। भोगवाद और बाजारवाद की परिणति है। भारतीय संस्कृति में यह बात कभी न आए, इसलिए भारत में नदियों को, वृक्षों को, गाय को माता कहा गया है। माता का दूध तो पिया जा सकता है, किंतु माता का शोषण नहीं हो सकता, माता का खून नहीं पिया जाता है।

प्रकृति के साथ हमारा किस तरह का व्यवहार हो? माता और पुत्र का व्यवहार रहे तो प्रकृति का शोषण नहीं हो सकता। यह बात हमने ही दुनिया को सिखाई है और हम ही इसे भूलते जा रहे हैं। इसी का कारण है कि आज सारा विश्व एक तरह से पर्यावरण की चेतावनी के चौराहे पर खड़ा है। ग्लोबल वॉर्मिंग पर चर्चा कर रहा है, कार्बन क्रेडिट पर चर्चा हो रही है। ग्लोबल वॉर्मिंग, कार्बन क्रेडिट के लिए वे दुनिया के देश इकट्ठा हुए और जिन देशों ने सबसे ज्यादा संतुलन बिगाड़ा है, वे ही सारी दुनिया का सबसे ज्यादा भोग कर रहे हैं। पूरी दुनिया के 80 प्रतिशत संसाधनों का भोग 10 प्रतिशत लोग कर रहे हैं। वे हम लोगों को, विकासशील देशों को ग्लोबल वॉर्मिंग से बचने का, तापमान कम करने का दायित्व बोध करा रहे हैं। भारत ने इस बात को रेखांकित किया है कि ग्लोबल वॉर्मिंग के बारे में जो जितना खराब कर रहा है वह उतना सँवारे। पाश्चात्य देश इतना बिगाड़ रहे हैं, वे इसको सँवारें। भारत ने इस बात को

पुरजोर तरीके से अंतरराष्ट्रीय स्तर पर रखा है कि ग्लोबल वॉर्मिंग एक डिग्री सेंटीग्रेड से ज्यादा स्वीकार न की जाए। लेकिन क्योंकि उनके भोग विलास में कमी आएगी इसलिए दुनिया के तथाकथित विकसित देशों ने दो डिग्री तक मान्यता दे दी है। यदि डेढ़ डिग्री तक तापमान बढ़ जाए तो दुनिया में से कई सारे देश समुद्र में डूब जाएँगे। ऐसी स्थिति होने वाली है। ये पाश्चात्य देश अपने सामान और अपनी दवाइयाँ लिखवाने के लिए किस प्रकार की दवा बना रहे हैं कि उनका बाजार बढ़े और हम लोग उनकी बनाई वस्तुओं के उपभोक्ता बनें। इसी कड़ी में विभिन्न प्रकार के सौंदर्य प्रसाधनों को बेचने के लिए ब्यूटी कंपटीशन होते हैं। 1962 में पहली बार हिंदुस्तान से रीता फारिया नाम की महिला विश्व सुंदरी बनी थी। इसके बाद जब आर्थिक उदारीकरण का दौर 1991 में चला तब से लगातार वैनेजुएला, ब्राजील की बारी आई, जो गरीब भी हैं, जहाँ बाजार भी हो सकता है। उन्होंने 'हाईप' यानी उत्तेजनापूर्ण वातावरण बनाकर किया और 'हैवक' यानी आतंक बनाकर एड्स के नाम पर अरबों-अरबों रुपए की किट्स हिंदुस्तान के देशों को बेचने का दुष्चक्र चल रहा है। इसमें हम लोग फँसते जा रहे हैं, हमारी सरकारें फँस गई हैं। स्वाइन फ्लू कोई अजीब सा, अलग तरह का बुखार आ गया हो ऐसा नहीं है। टेमी फ्लू बिकवानी है तो स्वाइन फ्लू का इतना आतंक बनाया और अरबों रुपयों की संपत्ति हमारे देश से बाहर गई। 'हाईप' और 'हैवक' पैदा करके बाजारवाद को बढ़ावा देकर शोषण किया गया है। इन बातों को समझने की आवश्यकता है। ☐

समरसता ही भारतीय दृष्टि है

—श्री इंद्रेश

(राष्ट्रीय स्वयंसेवक संघ की राष्ट्रीय कार्यसमिति के सदस्य)

जिसमें जन साधारण की भागीदारी जाति से, दल से, पंथ से, भाषा से और भूगोल से ऊपर उठकर हो, ऐसा सबसे बड़ा उत्सव, यह इक्कीसवीं सदी का प्रथम महाकुंभ है। इस पावन उत्सव को, इस पावन प्रसंग पर माँ गंगा के श्री चरणों में प्रणाम करता हूँ और यह कहूँगा कि हम सबके ऊपर मंगल की, बुद्धि-विवेक की वर्षा हो।

अगर भारतीय दृष्टि की दो विशेषताएँ देनी हों तो यही है कि यह सदैव वैश्विक रही है और परमार्थी भी, इसके अतिरिक्त कुछ नहीं रही है। तीन शब्द चलते हैं एक स्वार्थ है दूसरा निस्स्वार्थ। भारतीय दृष्टि परमार्थ की दृष्टि है। निस्स्वार्थ से बहुत आगे है। जब भारतीय किसान खेत में बीज डालता है तो इसका फल अपने लिए नहीं माँगता, आने वाली पीढ़ियों के लिए परिश्रम करता है। जब पिता अपना मकान बनाता है तो आने वाली पीढ़ियों के लिए बनाता है। यह दृष्टि निस्स्वार्थ पर रुकी नहीं, यह सदैव परमार्थ के पास ही बही है और बड़े सामान्य रूप में बही है। इसलिए जब कभी मनुष्य से पूछा गया कि तुम अपने जीवन का एक ऐसा प्रसंग सुनाओ जिससे तुम्हें आत्मिक संतोष और प्रसन्नता मिलती हो। अच्छा महसूस करते हो, तो वह सदा यह बताएगा कि साहब संत आए थे, भोजन खिलाया, धन्य भाग समझा। गरीब आया था उसकी मदद की। यह नहीं कहेंगे कि एक घर ऐसा है जो एक

लाख कमाता है और पचास हजार बाँटता है। जो निस्स्वार्थ है वह मनुष्य को सामान्य रखता है। जो परमार्थ है वह मन और आत्मा का प्रकाश होता है और इसलिए अपने यहाँ गरीब से गरीब, अनपढ़ से अपनढ़ आदमी भी इसको जानता और समझता है। उसके लिए उसको बहुत बड़े ग्रंथ पढ़ने की जरूरत नहीं पड़ती है।

पश्चिमी समाज ने पहले कहा कि विश्व बहुत बड़ा और विशाल है, इसका ओर-छोर प्राप्त करना कठिन है। पर आधुनिक साधन बढ़ते चले गए तो लगा कि ओर-छोर देखा जा सकता है विश्व का। तब विश्व में एक नई दृष्टि आ गई थी, उन्होंने कहा कि विश्व एक बाजार है, ग्लोबल मार्केट, इससे जब वे भोगवाद में फँसे तो इससे आतंक बढ़ रहा है, हिंसा बढ़ रही है, प्रदूषण बढ़ रहा है, तनाव बढ़ रहा है, स्पर्धा जीवन मूल्य परख नहीं रही और दूसरों के प्रति प्रतिद्वंद्विता वाली हो गई। इस दृष्टि का नाम है विश्व ग्राम। लेकिन भारत ने हजारों वर्ष पहले बसुधैव कुटुंबकम में विश्व के अंदर परिवार की कल्पना की है। जहाँ हिंसा नहीं, तनाव नहीं, परायापन नहीं, छोटे-बड़े का भेद नहीं, असमानता नहीं, उसे परिवार कहा गया है। दुनिया अभी यहाँ नहीं पहुँची है, उसके लिए यह संभव नहीं है।

समय-समय पर नए पर्व, त्योहार जन्म लेते हैं। आज की आधुनिकता में विश्व के अंदर कृत्रिम त्योहारों ने जन्म लिया है। फादर्स और मदर्स डे त्योहार हैं। माता-पिता और बेटा-बेटी हमारे जीवन में एक साल, एक साल में एक दिन, एक दिन में एक घंटे के लिए नहीं हैं। एक और बड़ा फेस्टीबल है। प्यार, मोहब्बत होनी चाहिए पर प्यार का व्यापार नहीं करना चाहिए। प्यार बाजार नहीं है, एक रिश्ता है, एक डिसीप्लिन है, एक मोडेलिटी है, एक कल्चर है, एक सिविलाइजेशन है। हीर-राँझा भी थे, लैला-मजनू भी थे, किसी ने उसको भी नहीं कहा कि यह प्यार का व्यापार है। पर पश्चिम ने कहा कि सब लड़के-लड़की में प्यार होना चाहिए, सरेआम करना चाहिए और निभे तो निभा लेना चाहिए, नहीं तो तोड़ लेना चाहिए, नए से कर लेना चाहिए। प्यार को उन्होंने बिजनेस माना, हमने प्यार को पवित्रता माना।

लड़के-लड़की को प्यार करना चाहिए, पवित्रता के रूप में इसका परिवार बनाना चाहिए और परिवार के माध्यम से एक सभ्य समाज के योगदान में अपना योगदान करना चाहिए। प्यार के व्यापारीकरण के कारण समाज में भोगवाद भी बढ़ेगा, हिंसा भी बढ़ेगी, तनाव बढ़ेगा, असभ्यता बढ़ेगी, जीवन मूल्य भी गिरेगा और समाज अपने आप विनाश की ओर जाएगा। ग्लोबल वॉर्मिंग में अमेरिका और यूरोप का कांट्रीब्यूशन 23 प्रतिशत है, चाइना का 17 प्रतिशत, भारत का 2.37 प्रतिशत है और दुनिया हमें कह रही है, जबकि कहना तो हमें चाहिए चीन और अमेरिका को कि ये परमाणु बम, विस्फोट बंद कीजिए। बीसवीं सदी के अंदर सर्वाधिक विस्फोट किसी एक हिस्से ने किए हैं तो दुनिया उसको अमेरिका और यूरोप के नाम से जानती है जिसने दुनिया में सर्वाधिक विस्फोट किए हैं। हिंसा जिन-जिन मुल्कों ने की है उसमें चीन का बहुत बड़ा नंबर है। भारत ने अपनी इस दृष्टि को समझाते हुए 'एकम् सत् विप्रा बहुधा वदन्ति' कहा सत्य एक है उसको खोजने के लिए मार्ग बहुत हैं, मंजिल एक है, जाने के लिए मार्ग बहुत हैं। बाकी दुनिया में किसी ने इसको नहीं कहा।

भारत ने विश्व को दृष्टि दी। नारी और पुरुष स्पर्धाएँ नहीं हैं, पूरक हैं। एक के बिना दूसरा अधूरा है। हमने नारी और पुरुष की पूरकता का सिद्धांत दिया था। विश्व ने नारी और पुरुष के अंदर की स्वतंत्रता और स्पर्धा का सिद्धांत दिया था, जिसके आज हम भी शिकार हो गए हैं। पश्चिम के अंदर यह स्पर्धा थी, क्योंकि उन्होंने महिला और पुरुष के जन्म में भेद किया था। तभी वहाँ प्रतिस्पर्धा है, शोषण है, संघर्ष है। इस देश में जो मानव के अंदर ईश्वरीय तत्त्व का दर्शन करते थे, वह राम थे, कि कृष्ण थे, वाल्मीकी थे कि रैदास थे, कबीर थे कि मीरा थी, एकनाथ थे कि तुकाराम थे, विवेकानंद थे कि दयानंद थे। इन सबके तीर्थ भी हैं, कथाएँ भी हैं, मेले भी हैं, लेकिन जिन्होंने छुआछूत को धर्म माना उनके न तीर्थ हैं, न कथाएँ हैं, न मेले हैं। भारत की दृष्टि को मुझे और आपको समझने में गलती हो गई। जब मैं और आप ही गलती कर बैठे तो दुनिया को कैसे समझाएँगे। अच्छा-बुरा इनसान

हो सकता है पर ऊँचा-नीचा नहीं हो सकता।

यह समरसता की दृष्टि है। प्राणियों में सद्‌भावना हो, विश्व का कल्याण हो यह हमारा नारा था। भगवान् के बाद अगर कोई सत्य है, पालक है, जन्मदाता है, ममतामयी है, उसको माँ कहा गया है। इसलिए जो-जो उपकारी है परोपकार है मानव धर्म में हमने सबको माँ कह दिया। इसलिए गाय उपकारी है, गाय माता, गायत्री माता, गंगा माता, तुलसी माता है, हमने सबको माँ का दरजा दिया है। भारत दुनिया के अंदर समन्वय, समरसता, एकता और एकात्मता का मार्ग था और रहेगा। इसलिए विश्व शांति, विश्व विकास, विश्व बंधुत्व जो भी मार्ग हैं, वह भारत में से होकर ही फल-फूल सकता है। इसलिए एकजुट भारत, शक्तिशाली भारत, खुशहाल भारत, धोखाधड़ी, हिंसा, गरीबी, अपराध, नशे से और भुखमरी से मुक्त भारत ही विश्व शांति और विश्व बंधुत्व का एकमात्र मार्ग है। शक्ति का और हमारी स्वतंत्रता संग्राम की गारंटी का ही बने, कोई हमारी ओर नजर टेढ़ी नहीं करें तो हम विश्व का कल्याण कर सकेंगे।

□

भारतीय जीवन दृष्टि

—डॉ. विवेक निगम
(इलाहाबाद विश्वविद्यालय में प्रवक्ता)

भारतीय जीवन दृष्टि जो है और भारतीय चिंतन परंपरा जो रही है व्यष्टि से समष्टि तक जाने की, स्व से बहुजन तक जाने की है। व्यष्टि का इतना व्याप कि समष्टि का सब कल्याण उसमें समाहित हो जाए। यह संभव तब होगा जब व्यक्ति-व्यक्ति के सामने शुभ और गहन जीवन दृष्टि होगी, भारतीय जीवन दृष्टि, जिसने भारतीय व्यक्ति से लेकर भारतीय जीवन तक को एक जीवन दिशा दी उसके व्याप और उसके आयाम की चर्चा आज विश्व के सभी लोग करते हैं। यह भारत विश्व गुरु ही कहलाता था, आज भी भारत विश्व को जीवन दृष्टि दे रहा है। व्यष्टि से समष्टि पर जाने की एक छोटी सी इकाई का व्याप इतना बढ़ाने की आवश्यकता है। सब उसमें समाहित हो जाएँ और सबमें वह समाहित हो जाए। इस कारण कोई भी जीवन का पक्ष भारतीय मनीषा की दृष्टि से छूटा नहीं।

इसी प्रकार, समाज की रचना में सब प्रकार के वर्ग होंगे, लेकिन सबका अपना महत्त्व होता है। उसका दृष्टांत हमें अपने जीवन में छोटी-बड़ी घटनाओं में देखने को मिलता है। इसके विपरीत यदि हम विचार करें कि पश्चिमी जीवन शैली के कारण जो कष्ट उत्पन्न हुए हैं तो पता चलेगा कि आज वहाँ के मानस में एक व्यग्रता है। उसका एक बड़ा कारण है वहीं के मनुष्य और जीवन के प्रति एकांगी दृष्टि। मनुष्य को मात्र एक भौतिक इकाई मानना, मनुष्य को मात्र

एक आर्थिक इकाई मानना, मनुष्य के विभिन्न व्यवहारों को टुकड़ों में बाँटकर देखने का जो तरीका है, उसने द्वंद्व उत्पन्न किए और जो चिंतन की व्यापता संभव थी उसको प्रयासपूर्वक बाधित किया गया। भारत में मनुष्य को एक समग्र इकाई मानकर कम संसाधन में भी आनंद की जितनी प्राप्ति सामान्य जन को हुई थी, वैसी विश्व में कहीं नहीं दिखाई दी थी।

□

पानी व्यर्थ न बहाओ, जवाहर!

—श्री त्रिवेंद्र सिंह रावत
(तत्कालीन कृषि मंत्री, उत्तराखंड सरकार)

देश की आजादी का संघर्ष चल रहा था। गांधीजी आनंद भवन, इलाहाबाद में थे। खाना खाने के पश्चात् हाथ धो रहे थे। जवाहर लाल नेहरू हाथ धुला रहे थे। गांधीजी को राष्ट्रपिता कहते थे और नेहरूजी को चाचा नेहरू के नाम से पहचानते थे। बच्चे तो उन्हें चाचा नेहरू ही कहते हैं। जब हाथ धुला रहे थे तो हाथ धुलाते-धुलाते जवाहर लाल ने भी, जो युवा थे पानी का पूरा भरा पात्र गांधी के हाथों पर उड़ेल दिया। गांधीजी ने कहा कि जवाहर तुम क्या कर रहे हो? मैंने तो हाथ धो लिए हैं और तुमने सारा का सारा पानी बेकार उड़ेल दिया। तो उन्होंने कहा कि गांधीजी क्या हो गया, बगल में गंगाजी बहती है। एक लोटे से क्या फर्क पड़ने वाला है? गांधीजी ने कहा जवाहर यह जो गंगा बह रही है वह गांधी के लिए नहीं बह रही। इस पर इन लघु जीवों का भी अधिकार है। इन हरे-भरे पेड़ों, इस प्रकृति का भी अधिकार है और जो नहीं दिखाई दे रहे हैं, उनका भी अधिकार है। इसलिए सबकुछ उपयोग के लिए तो है किंतु त्यागपूर्वक उपभोग करना है। यह भारतीय जीवन दृष्टि है। आज देश पर पश्चिमी दृष्टि की जो छाया पड़ी है, उसका असर इस पर साफ दिखाई देता है। वह भारत की व्यवस्थाओं पर बड़ा साफ दिखाई देता है। हम अमेरिका में जाते हैं

तो अमेरिकन हो जाते हैं। हम लोग ब्रिटेन जाते हैं तो वहाँ का असर हम पर होने लगता है। हम भटक गए चाहे हमारी विदेश नीति हो, चाहे हमारी अर्थ नीति हो, चाहे परंपरागत सोच हो, सबमें हम सही मार्ग से भटकते नजर आते हैं।

□

अपनी संस्कृति से नाता रखना ही देश प्रेम है

—सुश्री वीणा शास्त्री

(पू. प्राचार्य महिला विद्यालय डिग्री कॉलेज हरिद्वार)

मैं एक टीचर रही हूँ, टीचर हूँ और तमाम जिंदगी यही इच्छा रखती हूँ कि सब लोग मुझे जाने तो बस इसी नाम से जाने कि मैं एक टीचर हूँ और बस पढ़ाती हूँ, इसके अलावा कुछ नहीं। इसलिए मैं कुछ कहना जरूर चाहूँगी। कभी-कभी महसूस होता है कि युवाओं में सच्चाई जो बरसों पहले मैं देखती थी वह आज उतनी तीव्रता से दिखाई नहीं देती, क्योंकि यह कमी हमारी है, हमारी लीडरशिप की कमी है। आज हम भ्रष्टाचार में आकंठ डूबे हैं। कहाँ जाएँ? कोई ध्येय, कोई रास्ता नजर नहीं आता। ऐसा लगता है कि कभी थोड़ी सी रोशनी कहीं से आएगी। कभी-कभी मैं सोचती हूँ कि भगवान् कृष्ण कहते थे कि 'यदा-यदा हि धर्मस्य गलानिर्भवति भारत:' क्या आज की स्थिति से बुरी कोई और स्थिति हो सकती है? पं. जवाहर लाल नेहरू की जिस समय मृत्यु हुई थी उससे पहले एक बहुत विख्यात सामाजिक अर्थशास्त्री थे, जिनकी बहुत सी किताबें लोगों ने पढ़ी होंगी। उन्होंने एक बात कही थी कि लोग भगवान् का नाम लेते हैं, लेकिन हिंदुस्तान में आकर मुझे यह विश्वास हो गया कि ईश्वर है। आज हम अपने बच्चों को कुछ सिखा भी नहीं पा रहे, फिर भी मैं निराश नहीं हूँ। जब भारत किसी मुसीबत

में होता है तो हमारे नौजवान अपनी जान की बाजी लगाने में तत्पर रहते हैं। मैं मानती हूँ कि हमारे नौजवानों में रोशनी की थोड़ी कमी है और वह कमी सिर्फ हम लोगों के कारण ही हो रही है। हम जो अध्यापक हैं, हमारे जो नेतागण हैं उन्हें शायद उतनी नहीं दे पा रहे जितना उन्हें देना चाहिए। दत्तात्रेयजी ठीक कह रहे थे कि सेक्यूलरिज्म के नाम पर बहुत सी चीजों को हमने समाप्त कर दिया। धर्म निरपेक्षता की बात करने से कुछ लोग धर्महीन-से हो गए, अपने कर्तव्य को नहीं जानते, अपने विश्वास, अपनी आस्था को नहीं जान पाते। गंगाजी के किनारे कितने अधिक लोग हैं, इसी पवित्र गंगा के किनारे कितना हिंदुस्तान बसा है, लेकिन हम उसकी सुरक्षा के लिए कोई प्रयास नहीं करते। बल्कि उसको विलुप्त करने का प्रयास हो रहा है और हम सब उस प्रयास में सहयोगी हैं।

हम कई बार देखते हैं कि बहुत से लोग कहते हैं कि बाँधों को आप रोक देंगे तो कमी हो जाएगी रोजगार की। क्या इसके लिए कोई और साधन नहीं उत्पन्न कर सकते? मुझे याद है, बहुत पहले की बात है एक बार डिग्री कॉलेज में और पोस्ट ग्रेजुएट कॉलेज में टीचर्स की उम्र को लेकर कुछ लोगों ने कहा कि हम लोगों को रोजगार कहाँ से उपलब्ध होगा। पढ़ाई-लिखाई, हायर एजुकेशन में भी हम योग्यता न देखकर रोजगार देखें तो अपने नौजवानो को, अपने बच्चों को हम क्या पढ़ाएँगे। कई बार मैंने देखा कि हमारे यहाँ जो एन.एस.एस. के कैंप लगते हैं। मुझे कभी-कभी जाने का मौका मिलता है। हमारा विद्यालय लड़कियों की ही एक संस्था है। हमारी बच्चियाँ बड़े उत्साह से वहाँ काम करती हैं। लोगों को चाहे वे थोड़े दिन ही पढ़ाएँ मगर बड़े ही उत्साह से सिखाती हैं। मुझे याद है कि यहाँ एक डी.एम. आए थे बृजमोहन मीणाजी, उन्होंने जब यह सब देखा तो बोले की मैडम मैं चाहता हूँ कि वृद्धावस्था पेंशन और विधवा पेंशन लोगों तक आपकी बच्चियों के माध्यम से ही पहुँचे। यह सुनकर मुझे अच्छा लगा। उनको इस बात का विश्वास ही नहीं होता था कि कहीं सही हाथों में कोई चीज पहुँच भी सकती है। मैं फिर भी निराश नहीं हुई। 1997 से मैं तो मिशन से जुड़ी हुई हूँ, शायद उस साल

विवेकानंदजी की जयंती थी। काफी लोग आए हुए थे। मुझे अच्छा लगा कि यहाँ इतनी कम उम्र के लोग यह सब कर रहे हैं। तभी तो कहती हूँ कि मैं निराश भी नहीं हूँ, जो लोग यहाँ काम कर रहे हैं वे एक मिसाल हैं कि यदि हम किसी को बढ़ता देख उसकी लाइन को छोटा करने की कोशिश करते हैं तो यह गलत है। हमारी कोशिश तो यह होनी चाहिए कि हम अपनी लाइन को बढ़ाएँ, अपनी तरक्की के साधन को बढ़ाएँ, क्यों हम दूसरों को कमजोर बनाएँ, यह हमारा लक्ष्य नहीं। दूसरी बात मैं यह कहना चाहती हूँ कि महात्मा गांधी जब अफ्रीका से हिंदुस्तान आए तो पहले वे तमाम हिंदुस्तान में घूमे, हिंदुस्तान की समस्याओं को देखा जो लोग राजनीतिशास्त्र पढ़ते हैं या जो पढ़ने के शौकीन हैं तो उन्होंने पढ़ा होगा कि कितने छोटे-छोटे आंदोलन उन्होंने लोक स्तर पर किए। चंपारण में नील की खेती, अहमदाबाद में मिल मजदूर, किसानों का आंदोलन। वहीं से जिसके बाद सरदार बल्लभ भाई पटेल सरदार कहलाए। यदि हम अपनी सभ्यता और संस्कृति पर, देश पर गौरव नहीं कर सकते तो हम अपने देश से प्रेम नहीं कर सकते, न ही अपने आप से ही प्रेम कर सकते हैं। यह हिंदुस्तान है, यही हमारा है, यही हमारी संस्कृति है। मुझे कई बार कई लोग कहते हैं कि चलिए हम आपको बाहर घुमाने ले जाते हैं, लेकिन इस हवा, इस मिट्टी को छोड़ मैं तो यहाँ से निकलने के बारे में सोच भी नहीं सकती। अगर हम अपनी शिक्षा संस्थाओं में भी ये संस्कार दे सकें तो अपनी मातृभूमि के ऋण से मुक्त हो सकेंगे।

□

खंड-ख

विद्या, विधान और विचार

विवेक के बिना शिक्षा सारहीन है

—महामंडलेश्वर स्वामी कैलाशानंद ब्रह्मचारीजी
(सचिव अग्नि अखाडा)

शिक्षा दो प्रकार की है। उसमें मूल शिक्षा, भौतिक शिक्षा को हम बुद्धि कहते हैं जो हमें वर्तमान काल की शिक्षा का ज्ञान कराती है। लेकिन यदि प्राचीन शिक्षा को हम देखें, अपनी आध्यात्मिकता को देखें, हम अपने आत्म चिंतन को देखें, हम अपनी नियति को देखें, हम अपनी आत्म श्रुति को देखें तो वह बुद्धिमत्ता है, उसे ही बुद्धिमत्ता या बुद्धि कहते हैं विवेकाधिष्ठित बुद्धि, विवेकाधिष्ठित बुद्धि ज्ञान है। पुस्तकाध्ययन करनेवाले व्यक्ति को ज्ञानवान कहा जाता है, पुस्तक को याद करनेवाले व्यक्ति को विद् कहा जाता है। पुस्तक का सूत्रधार करनेवाले व्यक्ति को सूत्रधार कहते हैं, पुस्तक का सृजन करनेवाले को ज्ञानी कहा जाता है। पुस्तक का अध्ययन करनेवाले व्यक्ति को चिंतक और चेतक कहा जाता है, उस ज्ञान को धारण करनेवाले व्यक्ति को विवेकाधिष्ठित बुद्धिमान कहा जाता है। विवेकाधिष्ठित बुद्धिमान राजहंस है, उसको यदि पानी और दूध मिलाकर दिया जाए तो वह पानी को अलग कर लेता है और दूध को पी लेता है।

भगवत्सेवा व्यसन और विद्याव्यसन विद्यार्थियों में दो गुण विशेष रूप से होने चाहिए। एक तो विद्या के प्रति समर्पण और दूसरा भगवान् के प्रति आस्था। जो आज नहीं रहा, जिसके कारण आज हमारे देश में, हमारे घर में, हमारे समाज में अराजकता, अभद्रता छाई हुई है। हमें उसका शोधन करना

चाहिए, उसका संशोधन करना चाहिए। घर की व्यवस्था माता-पिता के ऊपर है, घर की व्यवस्था परिवार के ऊपर है। हम जैसा चाहें अपने बच्चों को रख सकते हैं, हम जैसा चाहें अपने बच्चों को बना सकते हैं। हमारा ही बालक इस देश का सृजनहार हो सकता है। हम यह भाव न रखें कि मेरा शिष्य मेरा शिष्य होगा बल्कि हमें सदैव इस भाव को रखना चाहिए कि मेरा शिष्य मेरा गुरु होगा, मेरा शिष्य गुरु बने शिष्य न बने, वह ऐसा बन जाए कि उसका भी अभिवादन करने को मेरा मन झुक जाएगा।

धारणौ येव त्यागस्य धारणौ येव विमुक्तया

धारण करने योग्य वस्तु भी हमारे पास है और अधारण करने योग्य वस्तु भी हमारे पास है यह चुनाव करने का विवेक हमें आज्ञा देता है।

हमारे विषय दो हैं एक बुद्धिमत्ता और एक बुद्धि। हमें दो में से एक का चिंतन करना चाहिए, दो में से एक को धारण करना चाहिए। हमने परमात्मा को देखा नहीं, भगवान् को हमने मानव के रूप में देखा है, भगवान् ही परमात्मा है। हनुमानजी से भगवान् श्रीराम ने पूछा कि हनुमान तुम कौन हो? वाल्मिकी रामायण के युद्धकांड में हनुमानजी ने कहा कि—

देह दृष्टयात् दासोऽसि
जीव दृष्टयातुदनसत:—जीव दृष्टि से हम आपके अंश हैं
तत्त्व दृष्टयात्वमेव अस्मि—एवमेव न संशय:

हे भगवान्, देह दृष्टि से हम आपके दास हैं, जीव दृष्टि से हम आपके अंश हैं और तत्त्व दृष्टि से जो आप हैं वही हम हैं, हममें और आपमें कोई अंतर नहीं है। मानव समर्थ है कुछ भी कर सकता है, क्योंकि वह स्वयं भगवत स्वरूप ही है। लेकिन चरित्रवान पुरुष ही इस देश का सृजन करेगा, चरित्रवान पुरुष ही इस देश का संवर्धन, संपोषण, संरक्षण करेगा।

□

मशाल जला कर भेड़िए के पास जाओ

—श्री रामबहादुर राय
(वरिष्ठ पत्रकार)

पाँच महीने पहले की बात है। दिसंबर में कोपेनहेगेन में जलवायु परिवर्तन पर दुनिया भर के लोग और सरकारों के प्रतिनिधि जमा हुए थे। जब सरकारों के प्रतिनिधि गरम हो रही धरती पर अपनी लफ्फाजी के घड़ियाली आँसू बहा रहे थे उसी दौरान डेनमार्क की राजधानी में युवक नारे लगा रहे थे—जलवायु नहीं, व्यवस्था बदलो।

इससे यह साफ हो जाता है कि व्यवस्था बदलने की जरूरत विश्वव्यापी है। हर जगह इसकी माँग उठ रही है। यह विश्व व्यवस्था पर प्रश्न चिह्न है। हमें जिस विषय पर यहाँ बात करनी है उसका संबंध भी व्यवस्था परिवर्तन के नजरिए से अपने संविधान की जाँच-परख करनी है। यह देखना है कि हमारा संविधान व्यवस्था परिवर्तन की भारतीय आवश्यकता में सहायक है या बाधक। यह भी जाँचना है कि वह बाधक है तो कितना?

हम अपनी याददाश्त पर मामूली दबाव बनाएँ तो पाएँगे कि व्यवस्था परिवर्तन के बारे में अरसे से सुनते चले आ रहे हैं। यह माँग पुरानी है। मुहावरे में कहें तो व्यवस्था परिवर्तन के बारे में सुनते-सुनते हमारे कान पक गए हैं। न जाने कब से हम इसके अभ्यस्त हो गए हैं। मैं अपनी बात बता सकता हूँ कि 1974 से इसका सपना हम देख रहे हैं। संभव है कि देवेंद्र स्वरूपजी 1947 से यह सुनते-गुनते आ रहे हो। जवाहर लाल कौल, शेख

अब्दुल्ला के जमाने से ही इस विचार के हिमायती हो सकते हैं। सुभाष कश्यप ने व्यवस्था को अंदर और बाहर दोनों से देखा है। उसे बदलने का नुस्खा ये बताएँगे।

किसी भी नामचीन और सरोकारी व्यक्ति पर निगाह दौड़ाइए आप पाएँगे कि वह व्यवस्था परिवर्तन का आहवान करता हुआ मिल जाएगा। फिर भी हालत ज्यों-की-त्यों है। व्यवस्था जहाँ जम जाती है वहीं बनी रहती है और पसरती जाती है। वह वहाँ से टस से मस होने का नाम नहीं लेती। इस हालत को देखकर लगता है कि वह शिव के धनुष की तरह हो गई है, जिसे तोड़ना तो दूर उठाना भी सबके वश की बात नहीं है। यह काम वही कर सकता है जिसमें राम का पुरुषार्थ हो। वही उसके दो टुकड़े भी कर सकता है। इस उपमा से एक गलत अर्थ भी निकाला जा सकता है कि बिना चमत्कार के व्यवस्था परिवर्तन नहीं होगा। आखिर रामायण और महाभारत की कथाएँ भी चमत्कार की ही हैं।

उन कथाओं का एक और संदेश भी है कि एक नागरिक व्यवस्था में जीना चाहता है। वह स्वभाव से व्यवस्था प्रेमी होता है। व्यवस्थित जीवन उसकी सामाजिक, सांस्कृतिक, राजनीतिक और आर्थिक प्रेरणा होती है। जनजीवन और लोकजीवन में पूरा सामंजस्य और संतुलन ही व्यवस्था होती है। यह जो बहुत साधारण सी बात लगती है वहीं असाधारण या यूँ कहिए दुर्लभ सी हो गई है। यानी जिस व्यवस्था से हमारा पाला पड़ता है वह भयावह हो गई है। सोचना होगा कि आखिर ऐसा क्यों हुआ है? व्यक्ति उसके सामने खुद को असहाय क्यों महसूस कर रहा है?

एक व्यक्ति स्वाधीन पैदा होता है और व्यवस्था के बंधन में जीता है। उसका स्वाधीनता का सपना अधूरा ही रह जाता है। वह अपनी जिंदगी में स्वाधीनता और व्यवस्था के द्वंद्व को झेलता है। इनके बीच जो तनाव पैदा होता है वह उसे महसूस करता है। वह पाता है कि व्यवस्था निरंकुश, अधिक स्वेच्छाचारी, ताकतवर और मनमानी करने में समर्थ होती जा रही है। उसके इस जंजाल के सामने व्यक्ति की स्वाधीनता का कोई मेल नहीं रह

जाता। विडंबना देखिए कि अंग्रेजी जमाने में हर जागरुक भारतीय गुलामी के बंधनों में जकड़ा हुए पैदा होता था पर उसे न मानने के हर खतरे की परवाह न करते हुए स्वाधीन बनकर जीता था। अब वह स्वाधीन पैदा होता है और अंग्रेजियत के बंधनों में जीने के लिए मानो अभिशप्त हो गया है। नियति से यह कैसा साक्षात्कार है? बीते दो दशकों से एक नई जकड़न ने हर भारतीय को घेर रखा है। वह बहुराष्ट्रीय निगमों का कसता शिकंजा है। बहुत सारे लोग इसे प्रगति का पैमाना मान रहे हैं और समझते हैं कि यह जरूरी है। इसका अगुआ वही समुदाय है जो अंग्रेजी जमाने में विदेशी कंपनियों का एजेंट हुआ करता था। नया अनुभव यह आया है कि सत्ता में जो पहुँच जाते हैं उनकी बोली आश्चर्यजनक रूप से बदल जाती है। वे पैरोकारी करते हैं कि विश्व व्यवस्था की मुख्य धारा में बने रहने के लिए यह जरूरी है। इस तरह से वे भी बहुराष्ट्रीय निगमों के पैरोकार हो जाते हैं। आज का सच यही है कि बहुराष्ट्रीय निगम राष्ट्र राज्य को चला रहे हैं।

भूमंडलीकरण के दौर से पहले समाजवाद और साम्यवाद की बँधी लकीर के अलावा एक तीसरा रास्ता हो सकता है, यह पक्की धारणा थी। इससे एक बड़ा समुदाय उत्साहित रहता था। उसे तीसरे रास्ते में भविष्य दिखता था। मेरी नजर में भी वही क्रांतिकारी होता था जो तीसरे रास्ते पर चलने का जोखिम मोल ले सकता था। भूमंडलीकरण ने उस संभावना को धूमिल किया। राजग की सरकार ने उसे ध्वस्त किया। भूमंडलीकरण ने राष्ट्रीयता की धार कुंद कर दी। हमारी सार्वभौम सत्ता पर बिना कहे प्रश्नचिह्न लगा दिया। यह व्यवहार में दिखने लगा कि भारत अमेरिका का अनुचर हो गया है। हर छोटे-बड़े मौके पर इसकी ताजी मिसाल मिल जाती है। उससे मन व्यथित हो उठता है। उदाहरण के लिए इन दिनों जो हो रहा है वह सबको पता है। शिवशंकर मेनन दर-दर भटक रहे हैं। वे राष्ट्रीय सुरक्षा सलाहकार हैं। बहुत माहिर हैं। उनसे पार पाना किसी के लिए भी मुश्किल है। फिर भी बेचारे हैं। क्योंकि प्रधानमंत्री मनमोहन सिंह के वचन को उन्हें निभाना पड़ रहा है। वे परमाणुविक हादसे से नागरिकों को जो नुकसान होगा

उसकी कीमत एक विधेयक से तय करवाना चाहते हैं। इसके लिए संसद की विपक्षी पार्टियों को समझाने में लगे हैं। मनमोहन सिंह ने अमेरिका को वचन जो दे दिया है। असल में इसमें हित अमेरिकी बहुराष्ट्रीय निगमों का है। यही काम राजग सरकार में ब्रजेश मिश्र करते थे। हमारे राष्ट्रीय सुरक्षा सलाहकार अमेरिका के इक्के और हमारी व्यवस्था के गुलाम बन गए हैं। हादसे की बोली नीलामी के तर्ज पर लगाई जा रही है। जो विरोध में खड़े दिखते हैं वे थोड़ी ज्यादा बोली लगानेवाले हैं। फर्क डिग्री का ही है। कोई नहीं जानता कि उनकी बोलती कब बंद हो जाएगी।

ऐसे तमाम मामलों का हमारी व्यवस्था से संबंध है। इस व्यवस्था का मूल स्रोत संविधान है। बहुत दिन नहीं हुए जब छात्र आंदोलन होते थे और उसमें हिस्सा लेने वाला नारा लगाता था कि सरकार नहीं, व्यवस्था बदलनी है तो वह एक सपने की दुनिया में कदम बढ़ाता था। उससे एक समझदारी पैदा होती थी। इस बात की समझदारी होती थी कि मुख्यमंत्री और प्रधानमंत्री को मात्र हटा देने से ज्यादा फर्क नहीं पड़ेगा। व्यवस्था फिर भी चलती रहेगी। इसलिए उसका विकल्प खोजा जाना चाहिए ताकि मौलिक बदलाव हो सके। यह समझदारी लंबे अनुभव का नतीजा थी। पहले यही भ्रम था कि एक सरकार को हटा देंगे तो व्यवस्था अपने आप बदल जाएगी। उससे निकल कर व्यवस्था परिवर्तन की मृग मरीचिका में समाज फँस गया है।

इसमें उम्मीद की एक किरण बची हुई है। हमारे पुरखों ने अंग्रेजों की व्यवस्था को अपनी नियति मान लिया होता तो देश आजाद नहीं हो सकता था, होता तो बहुत देर में होता। जो मौजूदा व्यवस्था को अपनी नियति मान लेना चाहते हैं वे लोकमान्य तिलक को झुठलाना और भुला देना चाहते हैं। उसी महापुरुष ने हमारे चित्त की राख को हटाया था। स्वाधीनता को जन्मसिद्ध अधिकार घोषित कर आजादी का अंगारा दहकाया था। जो इस व्यवस्था को अपना कंठहार समझ रहे हैं वे नहीं जानते कि उनके गले में एक विषधर साँप लटका हुआ है। इस यथार्थ को समझकर उपाय खोजना होगा। इस व्यवस्था का ध्वंस ही वह पहला काम है जिसे करने के लिए संकल्पबद्ध

होना होगा। वही एकमात्र सृजनशीलता है।

कोई भी पूछ सकता है कि ध्वंस क्यों जरूरी है। मेरा जवाब है कि जीवन के हर क्षेत्र में इस व्यवस्था का नाजायज, अनैतिक, गैर-जरूरी और विदेशी इशारे पर हस्तक्षेप बढ़ रहा है। एक स्वाधीनचेता नागरिक के लिए यह बरदाश्त से बाहर होना चाहिए। एक अजीबोगरीब स्थिति बन गई है। नागरिक निजी तौर पर या समूह में अपनी आजादी के लिए आवाज उठाता है, प्रयास करता है और उसके उपाय भी प्रस्तुत करता है। सरकार उसकी माँग मान लेती है। यह संदेश देती है कि वह नागरिक अधिकारों के प्रति पहले से ज्यादा जवाबदेह हो गई है। लेकिन परिणाम में होता ठीक इसके उलटा है। नागरिक की आजादी पहले की तुलना में कम हो जाती है, सिकुड़ जाती है और सरकार के अधिकार क्षेत्र का दायरा पहले से अधिक बढ़ जाता है। इस तरह एक नागरिक सत्ता के मुकाबिल असहाय हो जाने का अनुभव करता है।

ऐसी स्थिति में बड़ा सवाल पैदा होता है कि शासन बनाया किसलिए जाता है? क्या शासन व्यक्ति और समाज के लिए नहीं बनाया जाता है? क्या व्यक्ति और समाज शासन के हाथों का खिलौना भर हैं? हमारा रोज का अनुभव यही बताता है कि शासन अधिक महत्त्वपूर्ण हो गया है। व्यक्ति और समाज उसके हाथों में कठपुतली है। विचार इस पर होना चाहिए कि ऐसा क्यों हो रहा है? इस पर विराम कब लगेगा। क्या कभी ऐसा वक्त आ सकेगा जब व्यक्ति और समाज अधिक महत्त्वपूर्ण हो जाए और राज्य तंत्र उसके अनुरूप चलें? लंबे समय से यह चक्र उलटा घूम रहा है। राज्य तंत्र ही व्यक्ति और समाज को चला रहा है। जिस राज्य तंत्र से हमारा वास्ता है और पड़ता रहता है वह मूलतः साम्राज्यवाद का औपनिवेशिक तंत्र था जिसमें मौलिक और चरित्रगत बदलाव नहीं हुआ है। उसी पर हमने आजादी के बाद प्रतिनिधि लोकतंत्र का बिजूका खड़ा कर दिया है। अजीब बात यह है कि हम बिजूके को ही वास्तविक लोकतंत्र समझने की निरंतर भूल कर रहे हैं। यह समझ जितनी जल्दी आ जाए उतना ही भला है कि बिजूके का मौसमी उपयोग ही होता है। वह जिंदगी के ढंग, ढर्रे और रफ्तार को नहीं बदल सकता।

असल में असहायपन का एक दुष्चक्र बन गया है। नागरिक शासन के सामने असहाय है। शासन का राजनीतिक नेतृत्व अफसरशाही के सामने लाचार है। अफसरशाही विशाल राज्यतंत्र, बहुराष्ट्रीय निगमों और कंप्यूटराइज्ड मैनेजमेंट कंट्रोल सिस्टम के समक्ष अपनी लाचारी का रोना रोता रहता है। उसका रोना हमारी नजर में एक विद्रूप हँसी लगती है। व्यवस्था के इस घेरे में जो धुरी बन गई है वह एक शब्द में समाहित है। वह है—एक्सेलेंस यानी कार्यदक्षता। यह अपने आप में एक हुनर है। जिससे श्रेष्ठता परिभाषित होती है। लेकिन इस दौर में इसका भी भाई लोगों ने अवमूल्यन कर दिया है। कार्यदक्षता को गलत या सही तरीके से हासिल की गई सफलता का पर्याय बना दिया गया है। हम कार्यकुशलता को जीवन की वह विद्या समझ सकते हैं, जिसमें योग का तत्त्व समाहित हो। लेकिन कुछ सालों से योग व्यापार हो गया है। इसे आप राजनीतिक दलों के संदर्भ में देखना शुरू करें तो पहली बात जो तुरंत खयाल में आती है वह उन दलों की कार्य संस्कृति है। राजनीतिक दलों ने उम्मीदवारों के चयन की एक कसौटी बनाई है। इसमें कोई अपवाद नहीं है। हर दल एक ही नियम से संचालित हो रहे हैं कि जो जीत सके उसे उम्मीदवार बनाना है। इसका बहुत भयानक असर दिख रहा है। जिनकी जगह जेल या सुधार गृह होनी चाहिए वे उम्मीदवार होते हैं। उनमें से ज्यादातर जीत भी जाते हैं, क्योंकि चुनाव जीतने के लिए जो-जो साधन चाहिए उसे वे आसानी से जुटा लेते हैं। कहना यह है कि राजनीतिक दलों का ईश-वचन बदल गया है। हमारे संविधान निर्माताओं को अफरा-तफरी में यह भी नहीं सूझा कि वे राजनीतिक दल को पहचानें, परिभाषित करें और संविधान में उसकी व्यवस्था करें। दल-बदल कानून से पहले संविधान में राजनीतिक दल का नामोनिशान नहीं था। जबकि सत्तारूढ़ दल ही तय करता है कि राष्ट्रपति कौन होगा और कौन होगा चीफ जस्टिस ऑफ इंडिया।

मानना होगा कि हमारा लोकतंत्र, पूँजीतंत्र और कोटातंत्र में बदल गया है। क्या यह संविधान की देन है? लोकतंत्र एक राज्य व्यवस्था देता है। संविधान उस राज्य व्यवस्था की संहिता का काम करता है। इसलिए लोकतंत्र

की गिरावट को संविधान से अलग करके नहीं देखा जा सकता है। मेरा मानना है कि हम अपने संविधान को नहीं जानते। उसके बारे में एक बनी बनाई धारणा से हम निर्देशित होते हैं। संविधान की सही समझ जरूरी है। इसके लिए पहली जरूरत है कि हम संविधान के साक्षर हों। एक सर्वे अगर कराया जाए तो जो नतीजा सामने आएगा वह बहुत चौंकाने वाला होगा। जिन्हें रोज संविधान की शपथ के तहत काम करना पड़ता है वे भी संविधान के निरक्षर लोग साबित होंगे। ऐसी जहाँ हालत है वहाँ संविधान पर किसी प्रकार का सवाल उठाना वैसे ही पाप माना जाएगा जैसे कि एक धर्म सभा में नास्तिक का कुछ भी बोला हुआ अधर्म माना जाता है। पिछली लोकसभा में मेरे एक मित्र सदस्य थे। उनसे मैंने एक दिन कहा कि संविधान सभा की पूरी बहस खरीदनी है। उनके लिए यह ऐसी सूचना थी जिस पर बहुत देर तक वे बताते रहे कि ऐसा कोई प्रकाशन नहीं है। मैंने उन्हें बताया कि संसद ने खासकर अपने सदस्यों के लिए संविधान सभा की पूरी बहस को दस हिस्सों में किताब बना कर छापा है। उनसे मैं वह इसलिए खरीदवाना चाहता था ताकि कुछ पैसे बच जाएँ। जब वे संसद बिक्री विभाग में गए तो बड़ी मुश्किल से गोदाम से निकालकर उन्हें वे खंड दिए गए। उस दिन उन्होंने मुझसे कहा कि इतना वजन मैंने कभी नहीं उठाया है।

संविधान की कसौटी पर नास्तिक, असंवैधानिक या मौजूदा संविधान का विरोधी माने जाने का छोटा-मोटा खतरा मोल लेकर यह कहना आज हर हिंदुस्तानी का फर्ज है कि इस संविधान को बदलो। बदलने के लिए अभियान चलाया जाए। जिस संविधान को हमने गीता और रामायण का दरजा दे दिया है उसे हम नहीं जानते। हमारे मन में यह बैठा दिया गया है और हम मूढ़मति हो एक अंधविश्वासी की तरह उसे वही मान रहे हैं जो बताया जाता है। उसकी सच्चाई की छानबीन करने की हम जरूरत नहीं समझते। यह वक्त है कि हम सवाल करें। हम जानते हैं कि सही सवाल पूरे जवाब के करीब पहुँचा देता है। संविधान को गीता और रामायण का दरजा मिलना चाहिए। लेकिन तब जब हमारा रचा हुआ हो। दूसरे का धर्म ग्रंथ हमारे आदर के

योग्य तो हो सकता है लेकिन हमारी आस्था उसमें नहीं टिक सकती। संविधान का संबंध राज्य व्यवस्था से होता है। एक जमाने में मनुस्मृति समाज का संविधान थी। उसकी संस्कृति कायम हुई। संस्कृति से समाज चलता है। राज्य व्यवस्था में गिरावट है, लोग असंतुष्ट हैं और उन्हें अपने चारों तरफ अँधेरा-ही-अँधेरा महसूस होता है तो निश्चित जानिए कि पावर हाउस नाम का जो संविधान है वही दोषपूर्ण है।

हमारे संविधान के बारे में एक मिथक बना हुआ है कि यह स्वाधीनता सेनानियों का बनाया हुआ है। उन्हें हम महापुरुष मानते हैं। जो लोग यह कहते हैं कि वे नहीं जानते कि क्या कह रहे हैं, वे शब्द की शक्ति के साथ खिलवाड़ करते हैं। उनके खिलवाड़ से जो अर्थ निकलता है उसे साधारण आदमी टटोलता रह सकता है और भटकता जाता है। संविधान के बारे में जो मिथक बनाया गया है वह कुछ ऐसा ही है। उसे तोड़ने की जरूरत है। जाँच परखकर यह समझ लेना होगा कि हमारा संविधान अंग्रेजियत का है। इसे ब्रिटिश साम्राज्य की योजना में बनाया गया है। व्यवस्था परिवर्तन के लिहाज से हमारा संविधान दोहरे दबाव में है। एक तरफ वे लोग हैं जो सत्ता में हैं और महसूस कर रहे हैं कि इस संविधान की अपनी सीमा आ गई है। यह आज की जरूरतों के हिसाब से अधूरा है, अपर्याप्त है। इसलिए सत्ता में जो बैठे हैं वे बाईपास निकाल रहे हैं। इसके ताजा उदाहरण दो हैं—पहला यूपीए की सलाहकार परिषद् का दुबारा गठन और लाभ के पद की नई व्याख्या। ये दोनों बातें संविधान की सरकार के हाथों धज्जियाँ उड़ाने की घटना है। दूसरी तरफ से जो आवाज उठ रही है वह ज्यादा ईमानदार और साफगोई से भरी है कि यह संविधान हमारे काम का नहीं है। यह गुलामी के मूल दस्तावेज पर रंग-रोगन से ज्यादा कुछ भी नहीं है।

हमारे संविधान पर विवादों के बादल पहले दिन से हैं। सबसे पहले महात्मा गांधी ने इस पर सवाल उठाया। उस समय जब संविधान सभा अपना काम शुरू करने जा रही थी तभी समाजवादियों ने भी गांधी से कुछ तो प्रेरित होकर और कुछ अपनी समझ से यह फैसला किया कि वे संविधान सभा का

बहिष्कार करेंगे। 9 दिसंबर, 1946 को संविधान सभा ने अपना काम शुरू किया। 16 जुलाई, 1947 को ब्रिटेन की संसद ने भारतीय स्वतंत्रता कानून बनाया। उससे ही भारत और पाकिस्तान बना। उसी दौरान जवाहर लाल नेहरू, गांधी से मिलने कोलकाता गए, गांधी वहाँ अनशन पर थे। गांधी ने नेहरू से कहा कि इस संविधान सभा में मत जाओ। नेहरू ने पूछा—फिर क्या करें? गांधी का तुरंत जवाब था कि ब्रिटिश सरकार के खिलाफ एक और संघर्ष का एलान करो। जिससे लोग यह मानें कि आजादी लड़कर ली है। नेहरू ने कहा कि इसमें लाखों लोग मारे जाएँगे। गांधी की टिप्पणी सुनने लायक है, उन्होंने कहा कि आजादी के लिए लाखों लोग मारे जाते हैं तो क्या फर्क पड़ेगा। नेहरू बोले मेरी हिम्मत नहीं है।

संविधान सभा में समाजवादियों के प्रतिनिधि थे। दामोदर सेठ उन्होंने सभा के अध्यक्ष से दो सवाल पूछे थे। पहला क्या संविधान सभा सभी देशवासियों का प्रतिनिधित्व कर रही है। दूसरा कि क्या यह सार्वभौम है। इन दोनों का जवाब थोड़ी छानबीन के बाद हम खुद खोज सकते हैं। 16 जुलाई, 1947 से पहले संविधान सभा सार्वभौम नहीं थी। वह सीमित मताधिकार से बनी थी। बामुश्किल 13 फीसदी लोगों ने उसे चुना था। यह शोध का विषय है कि जिन समाजवादियों ने संविधान सभा का बहिष्कार किया था वे संविधान पर सवाल उठाने के बाद में क्यों कतराने लगे। प्रो. के.बी. राव ने अपने अध्ययन से निष्कर्ष निकाला है कि संविधान सभा कुछ प्रभावशाली लोगों की जमघट थी। उसमें पूरा विचार नहीं हुआ और निर्णय जल्दबाजी में हुआ। मैं यह जोड़ना चाहता हूँ कि ब्रिटिश राज्य की छतरी तले संविधान सभा बनी थी। उसे लॉर्ड माउंटबेटन के इशारे पर नेहरू ने चलाया और निर्णय करवाया। जवाहर लाल नेहरू भारत के पहले प्रधानमंत्री माने जाते हैं। हकीकत अब सामने आ रही है कि वे भारत के आखिरी वायसराय थे। हर प्रधानमंत्री हमारे यहाँ वायसराय की लीक पर चल रहा है। संविधान सभा ने जब काम शुरू किया तो उसकी प्राथमिकता अलग थी। भारत विभाजन के हस्तक्षेप ने उसकी प्राथमिकता बदल दी। यह समझना बहुत जरूरी है।

यह कहना वैसे तो काफी कठिन है लेकिन जो साफ-साफ दिखता है उसे बताना उतना ही आसान भी है कि भारत विभाजन से हमारे सामने जो सबसे बड़ा सवाल खड़ा हुआ वह देश की खंडित एकता को बचाए रखने का था। वहीं संविधान सभा की प्राथमिकता बन गया। स्वाधीन भारत की राज्य व्यवस्था पर विचार गौण हो गया। उससे जो अनर्थ हुआ वह हमारे लिए अनंत दुखदायी साबित हो रहा है। वह दो तरह से भारत के लिए कालनेमी साबित हो रहा है। देश की सुरक्षा का जो बड़ा सवाल सब के लिए चिंता का विषय बन गया है वह उसी का परिणाम है। राष्ट्र राज्य की विक्टोरियन मूल्यों वाली अवधारणा को ज्यों का त्यों हमने भारत विभाजन के क्षणों में अफरा-तफरी में अपना लिया। इस पर थोड़ा भी विचार नहीं कि देश की स्वाधीनता के संघर्ष का मूल लक्ष्य उस राष्ट्र राज्य से निकले साम्राज्यवाद से मुक्ति का था। सोलहवीं सदी में जो राष्ट्र राज्य की अवधारणा बनी वह साम्राज्यवाद की कोख से निकला था। उसी से जो तंत्र बना वह बदलते-बदलते आज का लोकप्रिय लोकतंत्र है। उस लोकतंत्र को कितना हम बिगाड़ चुके हैं यह प्रतापभानु मेहता के लेख के इस अंश से साफ हो जाता है। लेख का शीर्षक है—लोकतंत्र बनाम कोटातंत्र। उसका यह अंश देखें—'संवैधानिक क्रांति हो रही है। यह लंबे समय से जारी है किंतु इसकी सच्चाई की परतें अब खुल रही हैं। एक नई तरह की हुकूमत शक्ल ले रही है। शासन प्रणालियों के विशेषज्ञों जैसे प्लेटो, अरस्तू, कौटिल्य और मेडिसन तक को इसकी समझ नहीं थी। नई शासन प्रणाली लोकतंत्र से भिन्न है यह है कोटातंत्र।' व्यंग्य में कही गई यह हमार लोकतंत्र की हकीकत है।

कहीं ऐसा तो नहीं कि जब हमें कोई रास्ता नहीं सूझता तब हम व्यवस्था परिवर्तन की बात करते हैं। व्यवस्था परिवर्तन की बात जो लोग नारे के तौर पर करते हैं और बिना समझे करते हैं उनको छोड़ भी दें तो भी यह मानना चाहिए कि इसके दो स्तर हैं। राज्य व्यवस्था का मूल स्रोत संविधान है। इसलिए पहला स्तर है कि संविधान को बदल देने से व्यवस्था में बदलाव अपने आप हो जाएगा। एक बड़ा समुदाय है जो यकीन करता है कि संविधान

में कोई दोष नहीं है। जो उसे लागू कर रहे हैं उनमें ही दोष है। इसे दूसरी तरह से कह सकते हैं कि जो राष्ट्र राज्य को मानते हैं वे संविधान फेरबदल कर व्यवस्था को सुधारना चाहते हैं। इस बहस का दूसरा स्तर अधिक बुनियादी है और आसानी से समझ में आने वाला है। व्यवस्था परिवर्तन का सवाल सभ्यता से जुड़ा हुआ है। सभ्यतामूलक विमर्श में संविधान की चर्चा होगी लेकिन उसके केंद्र में नागरिक समाज होगा। यहीं पर यह सवाल खड़ा होता है कि आज जो संकट है वह व्यवस्था का है या सभ्यता का। यह वास्तव में सभ्यता का संकट है जिसका संबंध राष्ट्र राज्य से है। आज बिना संदेह के यह नतीजा हम निकाल सकते हैं कि राष्ट्र राज्य की अवधारणा अप्रासंगिक हो गई है। राष्ट्र राज्य जितना ही वह अप्रासंगिक होता जा रहा है उसी अनुपात में वह अपने अधिकार, सत्ता और ताकत को बढ़ाया जाता है। भारत का अनुभव तो यही है। एक आतंकवादी पूरे राज्यतंत्र को बंधक बना लेता है और उस पर जो प्रश्नचिह्न खड़ा करता है वह राष्ट्र राज्य की अप्रासंगिकता को उजागर कर देता है।

व्यवस्था परिवर्तन इतिहास में हस्तक्षेप की समस्या से जुड़ा हुआ है। मौजूदा व्यवस्था में बदलाव की जरूरत है और उससे अपने आप संविधान पर प्रश्नचिह्न नहीं खड़ा होता है। एक संहिता के रूप में संविधान होना ही चाहिए। व्यवस्था परिवर्तन का अर्थ इतना ही है कि संविधान से निकलने वाली संस्थाओं में बदलाव करना है। इस मायने में संविधान पर सवाल उठाना व्यवस्था परिवर्तन के संदर्भ में मौलिक प्रश्न है। राष्ट्र राज्य की व्यवस्था में सत्ता केंद्र में है या राज्य में है। नए संविधान में सत्ता पंचायत में होगी। इस समय सत्ता का पिरामिड पलट जाएगा। व्यवस्था परिवर्तन पर विचार करते हुए तीन विकल्प दिखते हैं—अमूल परिवर्तन, सुधार और समानांतर राज्य व्यवस्था की रचना।

भारत के संविधान में पश्चिम की नकल है। संविधान के बड़े जानकार और जिन्होंने राज्य व्यवस्था में संविधान को बरता है, उन सुभाष कश्यप ने हिसाब लगाकर बता दिया है कि 1935 के अधिनियम का करीब 80 फीसदी

हिस्सा हमारे संविधान में ज्यों-का-त्यों ले लिया गया है। नकल का इससे बड़ा प्रमाण और कुछ नहीं हो सकता। जब नकल है तो मौलिकता हो नहीं सकती। हमारा संविधान न गांधी के विचारों के अनुसार बना, न भारतीय जन की कल्पना पर खरा उतरा है। पंडित दीनदयाल उपाध्याय जब कहते हैं कि 'भारत का संविधान देश की मूल प्रकृति, प्रवृत्ति और संस्कृति से कटा हुआ है' तो वे इसे राजनीति में नकल का एक पर्याय बताते हैं। इस संविधान ने जो समस्याएँ पैदा की हैं, उसकी सूची बहुत लंबी हो सकती है।

जो संविधान अपने देश के नाम के साथ खिलवाड़ कर सकता है उसका कैसे बखान किया जाए? नामकरण का एक पुराना सिद्धांत है उसको भी संविधान सभा ने नहीं माना। कमलापति त्रिपाठी और हरिविष्णु कामत के तर्क बेकार गए और आखिरकार संविधान सभा ने भारत का नाम इंडिया कर दिया। इंडिया दैट इज भारत। मतदान में भारत हारा और इंडिया जीता। भारत को 38 वोट मिले और इंडिया को 511, उस संविधान सभा पर हम रोएँ या हँसे? क्या देश का नाम भी वोट से तय होगा यह सवाल बना हुआ है?

संविधान सभा के महानुभाव भूल गए कि संविधान की आधारभूत भावना वही होती है जो परंपरा में धर्म की मानी जाती है। धर्म एक सार्वभौम अवधारणा है। जो धारण करता है वह धर्म है। इस परिभाषा में हमारे संविधान को आजाद भारत का नया धर्मशास्त्र बनना चाहिए था। अंग्रेजों का औपनिवेशिक शास्त्र जो था उसे हमने अपनी गठरी बना ली। यह मत मानिए कि इस संविधान पर हम लोग पहली बार सवाल उठा रहे हैं। शुरू से ही समय-समय पर सवाल उठते रहे हैं। काफी पहले देवेंद्र स्वरूप ने 29 जून, 1959 के पाञ्चजन्य में लिखा कि 'मूल प्रश्न तो यह है कि केरल की इस स्थिति के लिए उत्तरदायी कौन है, केरल की जनता, कम्युनिस्ट पार्टी या भारतीय संविधान स्वयं। कहीं ऐसा तो नहीं कि भारत के संविधान निर्माताओं ने संविधान बनाते समय भारतीय जीवन के कुछ महत्त्वपूर्ण पहलुओं की उपेक्षा कर दी जिसके कारण भारतीय संविधान में कुछ मूलभूत दुबर्लताएँ रह गई।' तब केरल में कम्युनिस्टों की मारकाट से यह सवाल पैदा हुआ था। उस समय देवेंद्र

स्वरूप को थोड़ा संदेह जो रहा होगा वह अब दूर हो गया है। तब मेहरचंद महाजन, सी. सुब्रमण्यम, सत्यदेव विद्यालंकार और जयप्रकाश नारायण जैसे लोगों में अपने तरीके से संविधान पर सवाल उठाए थे। जेपी ने तब एक किताब लिख दी थी भारतीय राजव्यवस्था की पुनर्रचना, एक सुझाव। उसमें पंचायत प्रणाली की जरूरत बताई गई थी। उस पंचायत प्रणाली को बहुत बिगाड़ कर 36 साल बाद पीवी नरसिंह राव ने लागू कराया। ऐसे बहुत सारे प्रसंग हैं जिनसे संविधान की कमियाँ सामने आती हैं। तभी तो संविधान में संशोधन और फिर संविधान की समीक्षा के लिए प्रयास चलते रहे हैं। राजग शासन में संविधान समीक्षा आयोग भी बना। उस आयोग ने जो काम किया उससे नए संविधान की जरूरत पहले से ज्यादा महसूस की जाने लगी। उस आयोग ने अपनी इच्छा सूची देश को सौंप दी है। लेकिन तसवीर का दूसरा पहलू भी खयाल में रखने लायक है। एक राजनीति शास्त्र के विद्वान् हैं और भारत के संविधान के गहरे अध्येता माने जाते हैं। उस जी आस्टिन की दो किताबें हैं। उनमें वे बताते हैं कि भारत का संविधान ठीक-ठाक काम कर रहा है। यह सर्टिफिकेट लगाए घूमने वाले कुछ लोग आप को मिल जाएँगे। उनसे भ्रमित होने की कोई जरूरत नहीं है।

व्यवस्था परिवर्तन की पहली शर्त नई संविधान सभा से पूरी हो सकती है। अब तो वी.आर. कृष्ण अय्यर जैसे लोग भी कहने लगे हैं कि 'भारत की प्रवृति और संस्कार के अनुरूप यह संविधान काम नहीं कर रहा है। संविधान मृतप्राय है। राज्य की शक्ति बहुराष्ट्रीय निगमों में केंद्रित हो गई है।' उन्होंने पिछले दिनों एक लेख में लिखा कि 'न्यायपालिका एक जटिल प्रणाली द्वारा नियंत्रित होती है। जिसमें केवल बेंच और बाहर उसके गूढ़ार्थ निकाल सकते हैं।' फिर वे लिखते हैं कि 'इसकी जगह जिम्मेदार और आम लोगों तक पहुँचवाली नई संहिता लागू करनी होगी। यह उन विधायिकाओं द्वारा नहीं हो सकता जो धन बल के सामने सर झुकाए खड़ी होती हैं बल्कि उन क्रांति धर्मियों द्वारा होगा जो कि वोट की समता मूलक प्रणाली में विश्वास रखता है।' जो लोग अदालतों में न्याय के लिए जाते हैं उन्हें न्याय नहीं मिलता,

निर्णय मिलता है और वह भी इतनी देर से मिलता है कि उनका न्याय से विश्वास उठ जाता है। अदालतों में तमाम दावों के बावजूद मामले पड़े हुए हैं और सालों से लटके हुए हैं। 19 नवंबर, 2009 को कानून मंत्री वीरप्पा मोइली ने लोकसभा में एक सवाल पर बताया कि सुप्रीम कोर्ट में 53,221 मामले तीस सितंबर तक लंबित थे। देश भर में 40 लाख 18,914 मामले लंबित थे और निचली अदालतों में अपराधिक मामले 1 करोड़ 94,51,484 और दीवानी मामले 76 लाख 68,624 मामले लंबित थे। इस राज्य व्यवस्था की तुलना एक भेड़िए से करना ठीक होगा। व्यवस्था बदलने के लिए वैसे ही प्रयास करना होगा जैसे इस कविता में सर्वेश्वर दयाल सक्सेना ने उकेरा है कि—'भेड़िए की आँखें सुर्ख हैं। उसे तब तक घूरो जब तक तुम्हारी आँखें सुर्ख न हो जाएँ और तुम कर भी क्या सकते हो, जब तक वह तुम्हारे सामने है? यदि तुम मुँह छिपा भागोगे, तो भी तुम उसे अपने भीतर ही पाओगे। भेड़िया मशाल नहीं जला सकता, अब तुम मशाल उठाओ, भेड़िए के करीब जाओ, भेड़िया भागेगा। मशाल लेकर एक-एक झाड़ी की तरफ बढ़ो, सब भेड़िए भागेंगे। फिर उन्हें जंगल से बाहर निकाल बर्फ में छोड़ दो, भूखे भेड़िए आपस में ही गुर्राएँगे। ऐसा नहीं है कि एक सत्ता को आपने खत्म कर दिया तो दूसरी सत्ता नहीं आएगी। भेड़िए फिर आएँगे और अचानक तुममें ही कोई भेड़िया बन जाएगा। उसका वंश बढ़ने लगेगा। भेड़िए का आना जरूरी है। तुम्हें खुद को पहचानने के लिए, निर्भय होने का सुख जानने के लिए, मशाल उठाना सिखाने के लिए इतिहास के जंगल में हर बार भेड़िया माँद से निकाला जाएगा। आदमी एक होकर मशाल लिए खड़ा होगा। इतिहास जिंदा रहेगा और तुम भी।' भेड़िया यानी इस संविधान से निकली राज्य व्यवस्था। उससे लड़ना हमारा पहला काम है। अगर नहीं लड़ते तो एक पत्थर की लकीर समझ कर सुन लीजिए कि इस संविधान में अंतर्निहित है कि इस देश पर नेहरू और अब सोनिया गांधी परिवार का राज चलता रहेगा।

□

सामाजिक चुनौतियाँ और मीडिया की भूमिका

—श्री अवधेश कुमार
(वरिष्ठ पत्रकार)

सामाजिक चुनौतियों में मीडिया की भूमिका पर विचार करने का समय है या मीडिया स्वयं इस समय समाज के लिए चुनौती बना हुआ है। हमको विचार करना चाहिए कि मीडिया ने जो चुनौती उत्पन्न की है उसमें समाज उसके प्रति कैसी भूमिका निभाए। मीडिया जो भूमिका निभा रहा है उससे समाज के समक्ष जो चुनौतियाँ हैं वे धीरे-धीरे बढ़ती जा रही हैं और इस नाते मीडिया का असर सीधे मनुष्य की चेतना पर होता है। चेतना को मृत करने का कार्य जो भी संस्थान करे वह पूरे समाज के लिए चुनौती होना चाहिए। लेकिन क्या हमको यह अहसास है कि वाकई हमारे समक्ष की चुनौतियाँ क्या हैं और उन चुनौतियों में मीडिया भी शामिल है? मीडिया की भूमिका क्या होनी चाहिए? 1953 में मीडिया की भूमिका को लेकर एक किताब लिखी गई थी। 'फोर्थ यूजिज ऑफ द प्रेस' इसका एक भाग है जिसमें सबसे ज्यादा जोर दिया गया है वह है 'Social Responsibility of System.' अब इसमें बहुत सरल बात कही गई है। मीडिया को अपना पूरा फोकस आदमी के लाभ के लिए करना है। उसको किससे लाभ पहुँचता है यह ध्यान रखते हुए करना है। मीडिया का उत्तरदायित्व क्या है? तो उसमें

तीन बातें हैं। पहली बात मीडिया इसको ध्यान रखते हुए कि लोगों का कल्याण किसमें है, समाज को जितना सच चाहिए उसका उत्तर दे। समाज की समस्याओं में बहुविद तरीके से और खुले तरीके से बहस कराएँ तथा जो भी सामयिक घटनाएँ हैं उन्हें समय-समय पर अपडेट करता रहे। मैं समझता हूँ कि इन तीन भूमिकाओं पर और उसके केंद्र में जो लोक कल्याण है इसको लेने पर दुनिया में कहीं मतभेद नहीं हो सकता है। भारत का मीडिया पश्चिम से आया है ऐसा कौल साहब बताते हैं और मैं एक मत तक उनसे सहमत होता हूँ। तो यह पश्चिम से आई हुई पत्रकारिता इन तीन मानकों को क्यों स्वीकार नहीं कर रही है? क्योंकि कई बार कहा जाता है कि समाज के प्रति जो हमारा दायित्व है और अभिव्यक्ति की स्वतंत्रता का जो अधिकार है उसमें कई बार टकराव होता है। इसलिए इस पर बहस होनी चाहिए कि हमने अपने दायित्व, अपनी भूमिका के निर्धारण का ठीक प्रकार से आँकलन भी नहीं किया है और चुनौतियों को ठीक प्रकार से समझा भी नहीं है। क्योंकि अभिव्यक्ति की स्वतंत्रता पत्रकारों के लिए नहीं है, यह समझना चाहिए। पत्रकारों को इसका लाभ इसलिए मिलता है कि उनकी इस समाज के प्रति महत्त्वपूर्ण भूमिका को संविधान और कानून ने स्वीकार किया है।

मुझे हाल ही में हिंदू समाचार-पत्र के संपादक इनलाम का दक्षिण एशिया में मीडिया के सामाजिक दायित्व पर एक भाषण पढ़ने को मिला है। इनलाम का नाम मैंने इसलिए लिया है कि वैचारिक तौर पर कई बिंदुओं पर असहमति होते हुए भी जानता हूँ कि देश में कुछ संस्थान इन बाजारों के प्रभावों से अपने को बचाए रखते हुए काम कर रहे हैं, उसमें हिंदू एक संस्थान आता है। वे कह रहे हैं कि मीडिया को कभी यह भूल नहीं करनी चाहिए कि वह समाज के लिए एजेंडे का निर्माता है। बल्कि समाज का जो एजेंडा है, समाज की जो चुनौतियाँ हैं, समाज ने जो अपने लिए मुद्दे तय किए हैं उनकी बहस में योगदान करने की, उनको आगे ले जाने की भूमिका उसकी हो सकती है। अगर हम लोग अपनी इस भूमिका से परे जाते हैं और स्वयं को ही एजेंडा सिद्ध कर रहे हैं उन्हीं को समाज की चुनौतियाँ मान रहे

हैं, उन्हीं को हम आगे बढ़ाएँगे। यह सरकारी तंत्र की तरह काम करनेवाले देश में जो लाखों N.G.O. की तरह हैं। यह आवश्यक नहीं उन्होंने जिसको एजेंडा बनाकर हमारे सामने लाया है, जिस पर आक्रामक तरीके से अभियान चल रहे हैं वही समाज की चुनौतियाँ और एजेंडा हो। वे कहते हैं आप जो सूचना देते हैं उसका पूरा संदर्भ दीजिए, उसका बैक ग्राउंड दीजिए। अगर आप नहीं देते हैं तो अपना उत्तरदायित्व पूरा नहीं करते। मीडिया में विभिन्न प्रकार के व्यूह आ सकते हैं इसकी संभावना है, लेकिन अंत में समाज के प्रति जो उत्तरदायित्व हैं, वही मायने रखता है। कौन सी सूचना देनी है इसके चयन में भी खतरा रहता है। जैसे अर्जुन को केवल आँख दिखाई देती थी, क्योंकि उसको अपने ध्येय का और ध्येय के अनुसार अपनी भूमिका का अहसास था, उसी तरह मीडिया के सामने भी उसका ध्येय और भूमिका होनी चाहिए।

आज के केंद्रीय विषय के रूप में मैंने महात्मा गांधी को चुना है। बहुत सारे लोगों को लगता है कि महात्मा गांधी केवल एक राजनेता थे, लेकिन यह भी बहुत लोगों को पता होगा कि राजनेता से पहले वे एक पत्रकार थे। 1903 में उन्होंने दक्षिण अफ्रीका में 'इंडियन ओपिनियन' नाम का एक समाचार-पत्र निकाला था और जब भारत में आए थे तो उन्होंने यंग इंडिया और नवजीवन का संपादन किया था। फिर हरिजन बंधु, हरिजन, हरिजन सेवक निकाला और अपने जीवन के अंतिम दिन तक वे प्रत्येक दिन 500 शब्द लिखते थे। उन्होंने लिखा है कि पत्रकारिता ने मेरे जीवन को रूपांतरित कर दिया।

महात्मा गांधीजी कहते हैं कि पत्रकारिता ने हमको समाज को समझने की सही दृष्टि दी। पत्रकारिता ने हमको यह भी बताया कि मनुष्य की संपूर्ण विशेषताओं को कैसे समझा जा सकता है। वे साफ कहते हैं कि अगर मैं पत्रकार नहीं होता तो दक्षिण अफ्रीका का जो सत्याग्रह है वह सफल नहीं होता। महात्मा गांधीजी ऐसा क्यों कहते हैं। आप जानते हैं महात्मा गांधीजी को दक्षिण अफ्रीका में जो लोकप्रियता मिली थी उसी के कारण यहाँ चंपारण

में निमंत्रण मिला था आने के लिए। पर जब चंपारण आए उन्होंने वहाँ नील उपजाने वाले किसानों के बारे में एक बढ़िया रिपोर्ट बनाई। खोजी पत्रकारिता की वह सबसे उत्तम रिपोर्ट है और उस रिपोर्ट को सरकार ने राजद्रोह माना। उन पर मुकदमा चलाया।

क्योंकि हम जानते हैं कि समाज एक व्यापक अवधारणा है समाज का अर्थ केवल व्यक्ति नहीं है। समाज का अर्थ संपूर्ण सृष्टि है और हमारी जो भारतीय सभ्यता, संस्कृति है उसमें तो कहा गया है न—'यस्तु सर्वाणि भूतानि सर्वभूतेषु च आत्मनः' यानी सब मुझमें समाए हैं, मैं सबमें विसर्जित हूँ। तो हमारे यहाँ समाज की यह कल्पना है। जो परम व्यापक का भाव है इसके अनुसार जब हम देखते हैं तो समाज का एक व्यापक चित्र हमारे सामने उभरता है कि केवल व्यक्ति तक सीमित नहीं है। इस व्यापक दृष्टिकोण से देखें तो जैसा वो कहते हैं कि आतंकवाद है, धर्मांतरण है। जेहादी आतंकवाद के खिलाफ बहुत रहा है, लेकिन मैं यह बताना चाहता हूँ कि पिछले 10 सालों में जितने जेहादी आतंकवादियों ने भारत के लोगों को नहीं मारा है उससे कम-से-कम 100 गुना ज्यादा भारत के आंतरिक आतंकवाद ने लोगों की हत्याएँ की हैं, खून बहाया था, इसलिए जो चुनौतियाँ हैं उसमें आंतरिक और बाहरी दोनों आतंकवाद हैं। नारियों का पर्याप्त सम्मान नहीं हैं। जातिवाद है हमारे देश में, राजनीति में वंश और परिवार का बढ़ता वर्चस्व है। उसी प्रकार से आज के संदर्भ में महँगाई है, खेती और किसानों का संकट है। आजादी के संघर्ष के दौरान रचनात्मक और आंदोलनात्मक दोनों स्तरों पर परिवर्तन के लिए जो संघर्ष आरंभ हुआ था और भारत की जो एक कल्पना की गई मीडिया ने उस समय उसको एक एजेंडा मानकर अपने दायित्व के अनुसार उसको बराबर प्रोत्साहित किया। आजादी के बाद वह केवल रुक नहीं गया है, बल्कि ठीक पूरा कारवाँ उलटी दिशा में चला गया है। ये जो समस्त संकट हमको दिख रहे हैं, इसलिए हैं कि आजादी के दौरान हमने जो एजेंडा निश्चित किया था उस काम पर हम आगे नहीं बढ़ सके। जिन व्यवहारों, जिन विचारों, जिन व्यवस्थाओं, सरकारों, शैलियों का हमने विरोध

किया जिनके अंत की कामना की धीरे-धीरे समाज उसको अंगीकार करता जा रहा है और इस समय राज सत्ता, पूँजी सत्ता और धर्म सत्ता के साथ मीडिया की सत्ता भी उसको बढ़ावा देने में लगी है।

यह जान कर आश्चर्य होता है कि जब, भिन्न-भिन्न महानुभावों को पढ़ते हैं तो मूल विचारों पर बड़ी अद्‌भुत एकता दिखाई देती थी। जैसे गांधीजी कहते हैं कि भारत दूसरों को कुचलने के लिए आजाद नहीं हो रहा है। उसी प्रकार से अरविंदजी कहते हैं कि भारत की आजादी स्वयं को महाशक्ति बनाकर दूसरों को कुचलने के लिए नहीं बल्कि पूरी दुनिया की मानवता को विशालतर चेतना में उठाकर ले जाने के लिए है। विवेकानंद भी यही कहते हैं कि दुनिया में इस समय जो भौतिकवाद की प्यास है उसमें भारत ही उसको रास्ता दिखा सकता है। क्या कल्पना थी भारत के बारे में कि भारत एक ऐसा देश होगा जो कि यहाँ के लोगों के सहकार से स्वावलंबी होगा, समाज और उसके सहकारिता के कारण यहाँ के किसी व्यक्ति को अपने जीविकोपार्जन के लिए दैनिक आवश्यकताओं की पूर्ति के संज्ञान में उलझने की आवश्यकता नहीं होगी। इस कारण हमारे देश के नागरिक अपनी भूमि के लिए, स्थान के लिए अपनी व्यवस्था के प्रति इतने समर्पित होंगे कि उसके लिए अपनी बलि चढ़ा देंगे। इतने स्पंदनशील होंगे, इतने आत्मगौरव से भरे होंगे कि दुनिया में कहीं भी अन्याय के विरोध में संघर्ष उठेगा तो अपना संघर्ष मानेंगे और उसकी मुक्ति के लिए वहाँ जाकर काम करेंगे। उस समय भारत की मीडिया इसमें योगदान दे रहा था तो ऐसे भारत के लक्ष्य का ध्यान रखते हुए उस प्रकार के समाज का निर्माण करना होगा और इसके रास्ते जो भी चुनौतियाँ थीं। गांधीजी ने कहा कि भारत अगर पश्चिम की सुनहरी मृगच्छाया में फँस गया तो उसके सामने आत्मनाश का खतरा होगा। मैं नहीं समझता कि आत्मा के मर जाने के बाद भारत जीवित रह सकता है। यह नहीं कहना होगा कि पश्चिम की इस आँधी के सामने हम नहीं खड़े हो सकते। पश्चिम के सामने इतना शक्तिशाली होना ही पड़ेगा, नहीं दुनिया मर जाएगी। हमको दुनिया के लिए और अपने लिए पश्चिम के सामने खड़ा

होना होगा। एक जगह और कहते हैं कि इस समय दुनिया विभिन्न समस्याओं से मुक्ति के लिए छटपटा रही है। मुझे यह विश्वास है और मैं गर्व महसूस करता हूँ कि उसे रास्ता दिखाने का काम भारत ही करेगा। ये सब बातें उन्होंने पत्रकार के रूप में लिखी हैं। तो आज के भारत ने तो जिस पश्चिम की व्यवस्था को सुनहली माया कहा धीरे-धीरे उसी को स्वीकार लिया है और इसका परिणाम हुआ कि आजादी के साथ जो हमने सामाजिक, सांस्कृतिक, आर्थिक, राजनीतिक लक्ष्य तय किए वे लक्ष्य वहीं खत्म हो गए। इसके परिणाम स्वरूप हमारी चुनौतियाँ हैं, समस्याएँ हैं, जो दिन पर दिन भयावह और विकराल होती गई हैं। आजादी के बाद जिस संस्कृति की पुनः जागृति की आवश्यकता भी मीडिया को उसका सहभागी होना चाहिए था। वह नहीं हुआ, क्योंकि हम अपना लक्ष्य भूल चुके हैं।

मीडिया में जो बातें आ रही हैं वे इस व्यवस्था के विरुद्ध नहीं हैं। पहले तो कहा जाता था कि मीडिया को व्यावसायिक नहीं होना चाहिए। इस समय यदि कोई कहे कि मीडिया व्यावसायिक नहीं है तो अटपटा लगेगा। लेकिन अगर वाकई समाज की चुनौतियों के साथ देखना है तो मीडिया को तो व्यावसायिक होना ही नहीं चाहिए था। पत्रकारिता करते समय ध्यान रखना चाहिए कि यह हमारे जीविकोपार्जन का साधन नहीं। यह ही आदर्श स्थिति हो सकती है। अब चैनल बिकने लगे हैं। इससे भी जो खतरनाक बात है कि मीडिया कब से बाजार पूँजीवाद का भाग बन गया है। देश की एक-एक मीडिया कंपनी धीरे-धीरे शेयर बाजार में जा रही है। शेयर बाजार में जाते हैं तो संस्थान ब्रांडेड हो जाता है। आपके लिए समाज की चुनौतियाँ महत्त्वपूर्ण हैं या फिर अपनी पूँजी का लगातार विस्तार करते रहना महत्त्वपूर्ण है?

हमारा दायित्व समाज की चुनौतियों के विरुद्ध खड़ा होना है। लेकिन प्रश्न है कि इसके लिए आवाज कौन और कैसे उठाएँगे? क्योंकि इस समय ऐसे नेता जो जन आंदोलन से नहीं निकले हैं राजतंत्र पर हावी हैं। प्रमुख सत्ताधारी पार्टी है जिसमें पूर्व की सत्ताधारी पार्टी, विपक्ष को मीडिया से सहयोग मिलता है। ये किस नैतिक बल पर उस व्यवस्था का विरोध करेंगे?

इस समय पूरे देश में राजसत्ता, पूँजीसत्ता और मीडिया को भी एक सत्ता मान लें तो उनके बीच एक अघोषित, अनौपचारिक दुरभिसंधि है। इस दुरभिसंधि के विरुद्ध हमको एक धर्मयुद्ध छेड़ने की आवश्यकता है। लेकिन अगर मीडिया की आज दुर्दशा है तो जो धर्म की सत्ता है, जिसको मैं चौथी सत्ता मानता हूँ उसका विचलित रूप देश में दिख रहा है। इसलिए इस धार्मिक तंत्र के अंदर भी एक आंतरिक सुधार की जरूरत है। देश को जो शक्तियाँ विनाश की कगार पर तो ले जा रहीं हैं, उसमें धर्मसत्ता अपने को अलग नहीं कर सकती है। मैं मानता हूँ कि यह भारतीय समाज का एक मनोवैज्ञानिक रोग है जो हर प्रकार के परिवर्तनकारी अभियानों का बाधक है। इसलिए समाज की जो चुनौतियाँ हैं उनसे निपटने के लिए केवल चक्रव्यूह से बाहर निकलने की जरूरत ही नहीं है इस चक्रव्यूह में अभिमन्यु मिले जो सिर्फ भेद कर चलता है। इससे बाहर निकलने का रास्ता भी निकले तभी वह धर्मयुद्ध सफल होगा। इस समय जो ज्यादातर मीडिया चलाने वाले हैं वे व्यापारी हैं उनके साथ व्यापारी की तरह व्यवहार होना चाहिए। इसलिए जो भी पत्रकार ऐसा चाहता है कि मीडिया भी अपनी भूमिका में आए तो ऐसे पत्रकारों को सक्रिय होकर औपचारिक गोष्ठियों से बाहर आना चाहिए। इसके लिए इस मोह से मुक्ति पानी होगी कि विश्व की हर घटना पर हमें लिखना ही है। आज के समाचार-पत्रों में ब्रांड को प्रमुखता दी जाती है विचार को नहीं। इसलिए पत्रकारों के काम करने, खासकर वैचारिकता पत्रकारिता की तो धीरे-धीरे जगह नि:शेष होती जा रही है। तो अब यह सवाल है जो ये धर्मयुद्ध करना है वह कैसे होगा? कौन कर सकता है? यह पात्रता क्या है? मीडिया के जो हालात हैं इसमें कुछ लोग ऐसे हैं। जो वहाँ रहते हुए भी कोशिश करते हैं। हम जितना कर सकते हैं लेकिन समग्र रूप में अब वह स्थिति नहीं है। दुनिया कह रही है, भारत दुनिया की उभरती हुई शक्ति है। अभी अमेरिका के पेंटागन ने रिपोर्ट दी है कि भविष्य में भारत आर्थिक दृष्टि से शक्तिशाली हो जाएगा कि वह अमेरिका के भी सकल घरेलू उत्पाद को भी पीछे छोड़ सकता है। उसकी सैनिक शाक्ति इतनी बड़ी हो जाएगी कि दुनिया में उसकी

एक विशेष भूमिका हो जाएगी। यह एक प्रचार है, मीडिया उसको हवा दे रही है, लेकिन उसमें हमको बहना नहीं है। यह उसी व्यवस्था की बात कर रहे हैं जिसने हमारे सामने विनाश का संकट खड़ा किया। हमको एक भारतीय सभ्यता पर आधारित व्यवस्था खड़ी करनी है, उसी में मीडिया को भी भूमिका निभानी है।

आज कितने पत्रकारों को अपनी संस्कृति पर विश्वास है, जिनसे आप कह सकते हैं कि सामाजिक चुनौतियों को समझें और उसके अनुसार भूमिका निभाएँ। जो यहाँ छात्र-छात्राएँ बैठे हैं, क्या इनको यह बताया जाता है कि एक पत्रकार के नाते आपको भारत को कैसे समझना है? जिस देश में पत्रकारिता कर रहे हैं उस देश का लक्ष्य क्या है और उस लक्ष्य के अनुरूप देश बढ़ रहा है या नहीं बढ़ रहा है? शिक्षा व्यवस्था अपने छात्रों को यह बताती है कि जितना झूठ बोलो, पाखंड करो, बेईमानी करो, कोई हर्ज नहीं है। बस तुमको कहीं से कोई पथ मिल जाए, तुमको धन मिल जाए, तुम्हारा प्रभाव बन जाए यही लक्ष्य है। उसी प्रकार पत्रकारिता के स्थान हैं वे भी इसी विचार का संपोषण करते हैं। फिर हमको अपने उस लक्ष्य के प्रति अटूट श्रद्धा होनी चाहिए उसकी दृष्टि से काम करने की आवश्यकता है। पत्रकार के रूप में या गैर पत्रकार के रूप में अपने को हमेशा उच्चतर चेतना की ओर ले जाने की कोशिश करना, जो हमारे प्रतिकूल है उसको अनुकूल बनाना, जो हमारे लिए पराजय है उसको विजय में परिणत करना, निराशा को आशा में, नाउम्मीदी को उम्मीद में बदलना ही हमारी सच्ची भूमिका हो सकती है। एक पत्रकार के रूप में भी और एक गैर पत्रकार के रूप में भी लेकिन अगर हमारे मन में कहीं भी अपनी सोच को, विचार को, लेकर भारत की क्षमता को लेकर किसी प्रकार का संशय है या किसी व्यक्ति, नेता, दल, संस्थान विचार के प्रति हमारे मन में मोह है तो फिर हम ऐसा नहीं कर सकते। इस समय इस देश को चाहे पत्रकार हो या सामान्य नागरिक हो, अर्जुन बनना है जो कह सके कि अब तो मैं सत्य जान गया हूँ, मेरा सत्य से साक्षात्कार हो गया है। जो कह सके अब मेरा समस्त मोह, संशय नष्ट हो गया है। मैं

आत्मस्वरूप को प्राप्त हो गया हूँ। इसी को दूसरे संदर्भ में कहे कि मैं अब भारत को पहचान गया हूँ। भारत राष्ट्र के रूप में इस लक्ष्य को पहचान गया हूँ, इसके साथ में जो चुनौतियाँ हैं इसका जो संकट है उनको समझ चुका हूँ। इसलिए मैं कहता हूँ कि इस समय हमारे सामने बस एक ही है, धर्म युद्ध और उस युद्ध में दो ही भाग होंगे, रचनात्मक और आलोचनात्मक। पहले इस क्षमता को पहचानना होगा फिर संकल्पबद्धता के साथ खड़ा होना होगा तभी ऐसी गोष्ठियों की सार्थकता है।

□

मीडिया अब समाज का नहीं, बाजार का है

—श्री जवाहर लाल कौल
(वरिष्ठ पत्रकार)

हमने कभी माना कि आजादी से पहले हमारी पत्रकारिता का एक मिशन हुआ करता था। मिशन था आजादी हासिल करना। जितने लोग पत्रकार थे तथा पत्रिकाएँ चलाते थे, सबका ही एक लक्ष्य था कि हम आजाद हो जाएँ। इस लक्ष्य को प्राप्त करने की जो लालसा है उसी को मिशन कहते हैं। अब यह भी हम बताते हैं कि पत्रकारिता आजाद होने के बाद मिशन नहीं रह गई। पत्रकारिता एक उद्योग या व्यापार हो गया है। उद्योग में एक मालिक होता है जो पैसा लगाता है, उसके कर्मचारी होते हैं, जिनसे वह काम करवाता है। बढ़िया माल बनाता है और खरीददार होते हैं जो पैसे देकर खरीदते हैं। लेकिन हमारा जो पत्रकारिता का उद्योग है वह एकदम विचित्र प्रकार का उद्योग है। उसमें मालिक हैं जो पैसा लगाते हैं, उनके विशेषज्ञ कार्यकर्ता भी हैं जो अच्छा अखबार निकालते हैं, खरीददार भी हैं। लेकिन खरीददार लागत का दसवाँ हिस्सा भी नहीं देता। एक बड़े अखबार की लागत 10 रुपए से 60 रुपए तक हो सकती है। टाइम्स ऑफ इंडिया की एक प्रति की लागत 60 रुपए है। 2 या 2.50 रुपए में वह बिकती है, जिसमें मालिक को एक रुपया मिलता है। तो ऐसा है उद्योग जिसमें मालिक को कुछ नहीं मिलता, मालिक

अपनी जेब से देता है और बहुत बड़ा घाटा उठाता है, ऐसा धर्मार्थ का काम तो बहुत बड़े-बड़े साधु भी नहीं करते। लेकिन इसमें एक तीसरा पक्ष भी है। विज्ञापन दाता है यानी बाजार। इस अखबार को विज्ञापनदाता पूरी लागत भी देता है और फायदा भी देता है। इसलिए वह ऐसा उद्योग है कि जो सबसे अलग है। जूता बनाने, कमीज बनाने, माइक बनाने, टेलीफोन बनाने वाले उद्योग से बिलकुल भिन्न। वहाँ खरीददार और मालिक के बीच में एक आदान-प्रदान का सिलसिला है, यहाँ ऐसा नहीं है। यहाँ एक तीसरा पक्ष है जो पैसा देता है। चूँकि पैसा देता इसलिए उसका सबसे ज्यादा असर पूरे अखबार पर रहता है। तो सच यह है कि आज अखबार हो या टीवी चैनल हो या रेडियो चैनल हो, पाठक के लिए या दर्शक के लिए नहीं चलते। दर्शक उसे इसलिए चाहिए क्योंकि विज्ञापन दाता को उनकी जरूरत है। विज्ञापनदाता चाहता है कि उसे ग्राहक मिले, इसलिए मीडिया दर्शकों, पाठकों को उस तक पहुँचाता है। पैसा उसे विज्ञापन देता है, पाठक नहीं देता।

कुछ साल पहले जब टाइम्स ग्रुप और हिंदुस्तान टाइम्स ग्रुप के बीच में 'प्राइस वार' चली, कीमतें घटाने का एक सिलसिला चला, हिंदुस्तान टाइम्स ने कुछ कीमतें कम कर दीं। फिर टाइम्स ऑफ इंडिया ने और कम कर दी और इस तरह से सिलसिला चलकर 1.50 रुपए तक आ गया। अब टाइम्स ऑफ इंडिया वालों ने कहा कि हम इसको एक रुपया कर देंगे और चाहे तो हम मुफ्त में बाँटे, हमें कोई फर्क नहीं पड़ता। क्योंकि विज्ञापन इतना आता है कि मुफ्त में बाँटने पर भी नफा है। तब एक विशेषज्ञ उनके मालिक समीर जैन के पास गया। उसने कहा आप मुफ्त में या एक रुपए में देंगे तो आपका एक भी अखबार नहीं बिकेगा। क्यों नहीं बिकेगा? उसने कहा, क्योंकि आप खुद तो अखबार बाँटते नहीं, जिनसे बँटवाते हैं, आपसे 33-40 प्रतिशत लेते हैं। आप अगर एक रुपए करेंगे तो वे 40 पैसे में अखबार क्यों बाँटे, क्योंकि 60 पैसे में वह अखबार रद्दी में बिकता है। आपका पूरा का पूरा बण्डल ले जाएँगे, रद्दी वाले को बेच देंगे तो 60 पैसे मिलेगा। आपके 40 पैसे के लिए क्यों बाँटेगा? कुल मिलाकर कहने का मतलब यह है कि पाठक वह महत्व

खो चुका है जो कभी अखबारों में, मीडिया में था। पाठक अब महत्त्वहीन हो चुका है। इसे अंग्रेजी में कहते हैं वह डिस्पोजेबल हो गया है। पाठक की चिंता छोड़ दी जाती है। क्योंकि पाठक अगर हिंदुस्तान टाइम्स नहीं पढ़ेगा तो क्या करेगा? टाइम्स ऑफ इंडिया मिल जाएगा। कभी इंडियन एक्सप्रेस हुआ करता था, वह जो अलग तरह से छपता था। लेकिन हर अखबार आज वही करता है तो इसलिए हमारे पास पाठक के रूप में कोई 'च्वाइस' नहीं है।

लेकिन मुझे इसमें उतनी परेशानी नहीं है। मैं एक दूसरी बात करना चाहता हूँ। मैंने पहले शुरू किया था आजादी से पहले हमारी पत्रकारिता का एक मिशन था और अब हम मानने लगे अब मिशन नहीं है। यह सच नहीं है, अब भी पत्रकारिता का एक मिशन है। पत्रकारिता चाहे इलेक्ट्रॉनिक हो चाहे प्रिंट मीडिया हो, उस बाजार व्यवस्था, उस वैश्वीकरण की व्यवस्था को आगे बढ़ाने के लिए प्रतिबद्ध है। उसे आगे बढ़ाना, उसे आगे चलाना उसकी लोकप्रियता बढ़ाना उसका मिशन है। यह हमारे मिशन से बड़ा है। यह विश्वव्यापी मिशन है। इसलिए यहाँ जो छात्र बैठे हैं पत्रकारिता से, उनको थोड़ा इस दिशा में समझने की कोशिश करनी चाहिए। सब लोग तो यह बताते हैं कि पत्रकारिता बिगड़ चुकी है। व्यापार हो चुकी है, लेकिन क्यों हुआ यह भी उन्हें समझना चाहिए। तब संदर्भ आसानी से उनकी समझ में आ जाएगा। आखिर वैश्वीकरण जिसका हम बहुत बखान करते हैं, है क्या यह? यह भी कहा जाता है कि ग्लोबल विलेज है। एक ग्लोब एक विलेज है। इस सबका मतलब क्या है? दरअसल, पिछले 100 साल से विकसित टेक्नोलॉजी का एक परिणाम है। आज बाजार या आज का वैश्वीकरण टेक्नोलॉजी के पंखों पर चलता है और टेक्नोलॉजी ऐसी है कि उसे सीमित बाजार नहीं, उसे पूरा विश्व का बाजार चाहिए। टेलीविजन अगर अमेरिका में पैदा हुआ हो और अमेरिका में ही सीमित कर दिया जाता तो मर गया होता। टेलीविजन को, इंटरनेट को दुनिया चाहिए। मोबाइल को दुनिया चाहिए, हर टेक्नोलॉजी को पूरे विश्व का बाजार चाहिए। यह दुनिया का बाजार मिलेगा कैसे? उसके रास्ते पर बहुत से अवरोध हैं, बहुत सारी दीवारें हैं।

सबसे बड़ी दीवार है राष्ट्रों की। भारत का राष्ट्र है, पाकिस्तान है, जर्मनी है सबके अपने-अपने राष्ट्र हैं, उन्होंने अपने-अपने नियम कानून बना रखे हैं। ये राष्ट्रीय दीवारें टूटनी चाहिए, तब दुनिया एक बाजार बनेगी। लेकिन राष्ट्र की दीवारें आसानी से नहीं टूटती। ये बहुत सारी चीजों से बनी है। यह हमारी संस्कृति से बनी है। ये हमारी हजारों साल पुरानी सभ्यता से बनी है। हमारी विश्व दृष्टि से बनी है, यह हमारे दर्शन से बनी है और आगे चलकर हमारे परिवार से बनी है। तो इसका मतलब यह हुआ कि अगर इस बाज़ार को प्रमोट करना है या आगे बढ़ाना है तो सांस्कृतिक दीवारें, धर्म की दीवारें भी ढह जानी चाहिए, परिवार टूटने चाहिए। संयुक्त परिवार तो कब का समाप्त हो चुका है, लेकिन अब जिसे एकल परिवार कहते हैं इसे भी टूट जाना चाहिए। पति-पत्नी के संबंध स्थायी क्यों जरूरी है? क्यों विवाह करना जरूरी है? क्यों बच्चों को पालना जरूरी है? ऐसा परिवार चाहिए जिसमें एकदम आजादी हो, एक 'इंडीव्यूजुअल', एक व्यक्ति, पर आधारित। अगर ऐसा करना है तो फिर परिवार का रहना उचित नहीं है। जब परिवार नहीं रहते तो गाँव, बस्ती नगर का कोई मतलब नहीं है। देश और संस्कृति की दीवारें टूट जाएँगी, इस बाजार का यह दैत्य रूप है।

मीडिया दुर्भाग्य से इसका एक हिस्सेदार हो गया है। हिस्सेदार इसलिए हो गया है कि हमने अखबार छापना या टीवी चैनल चलाना इतना बड़ा महँगा सौदा बना दिया है कि आपके, मेरे बस की बात नहीं है। हम अखबार नहीं निकाल सकते। इसके लिए बहुत पैसों की जरूरत है। इसको पैसावाला ही निकाल सकता है और पैसेवाला के पास भी इतना पैसा नहीं है कि वह इसको चला सके। उसे कहीं दूर बाजार से पैसा लेना पड़ता है। उसको विज्ञापनदाता चाहिए। इसलिए जब टीवी वाले अपना सीरियल बनाते हैं वे इस बात का ध्यान नहीं रखते कि वह समाज के लिए क्या दे रहे हैं। वे समाज के सबसे कमजोर तत्त्वों पर आधारित धारावाहिक या कार्यक्रम बनाते हैं ताकि उसकी ओर लोग आकर्षित होकर देखें और फिर वे माल जो विज्ञापन दाता देता है, खरीद लें। जब मैं इस विषय पर पुस्तक लिख रहा था,

मुझे ध्यान आया कि आखिर हम पत्रकारों की भूमिका ऐसी व्यवस्था में क्या हो गई है। हम उस झोला डॉक्टर की तरह हैं जो चौराहे पर खड़ा हो जाता है। वह थोड़ी बाँसुरी, डुगडुगी बजाता है, लोग जुट जाते हैं, फिर थोड़ी सी कहानी कहता है, चटपटे मसालेदार चुटकुले सुनाता है। बहुत से लोग जुट जाते हैं। अपने थैले से लकड़ हजम, पत्थर हजम निकालकर बेचना शुरू कर देता है। दरअसल, मुख्य बात लकड़ हजम बेचना ही है। लोगों को जुटाने के लिए हम बाँसुरी बजाते हैं, कहानी कहते हैं, छोटी सी बात को ऊँचा बनाकर अतिरंजित करते हैं, इसलिए कि लोग आएँ और हम उसे विज्ञापनदाता की झोली में डाल दें। तब वह क्या करेगा यह हमारा सरोकार नहीं है, हमें इससे कोई मजबूरी नहीं है कि वह आपको क्या करेगा, आपको क्या बेचेगा। हमारा तो काम यह है आपको उसके हवाले करना। टेक्नोलॉजी से किसी को बैर नहीं होना चाहिए। टेक्नोलॉजी से किसी मनुष्य जाति को कभी बैर नहीं था। जब हमने रथ का पहिया बनाया था, वह भी टेक्नोलॉजी थी। हमारे राजा, महाराजा जब रथों पर चलते थे तो धनुष बाण खींचते थे तो भी टेक्नोलॉजी थी। नएपन से किसी को आपत्ति नहीं, लेकिन इसमें एक खतरनाक बात अब हुई है। पहले आप और हम जानते थे आवश्यकता, आविष्कार की जननी है। हमें किसी चीज की आवश्यकता पड़ रही है। हम चाहते हैं कि अपने घर से जल्दी-जल्दी बाजार तक पहुँचे, उसी तरह हमने साइकिल जैसी कोई चीज बना ली, बस बन गई और रेल बनी।

लेकिन अब यह नहीं कहा जा सकता। अब टेक्नोलॉजी ने तय किया है कि मनुष्य का उसमें से यह रोल हटा दिया जाए। मनुष्य को यह अधिकार न दिया जाए कि वह तय करे कि उसे क्या टेक्नोलॉजी चाहिए। टेक्नोलॉजी को आवश्यकता नहीं चाहिए वह तो अपनी आवश्यकताएँ स्वयं बनाती है। टेक्नोलॉजी हमारे मन में एक हीनता की भावना पैदा करने के बाद उसे आवश्यकता बना लेती है। तो इसलिए कहा जाता है कि मार्केट और टेक्नोलॉजी ही तय करेगी कि हम कैसे जिएँ, हम तय नहीं करेंगे कि हमें कौन सी टेक्नोलॉजी चाहिए। बाजार बताएगा कि हम कैसे रहें, वही हमें बताएगा की हम कौन से

रिश्ते रखें, हम गाँवों से प्यार करें कि न करें, हम इस शहर से प्यार करें कि न करें, हम इस देश को चाहें कि न चाहें, यह सब तो बाजार बताएगा, हम बताने वाले कौन हैं? आज की टेक्नोलॉजी और बाजार का यही संबंध है। तो ऐसे में जब हम कहते हैं कि आज की पत्रकारिता का कोई सामाजिक सरोकार नहीं है तो मुझे लग रहा है कि यह व्यर्थ का प्रलाप है। रह कैसे सकता है? अगर बाजार का हिस्सेदार है, साझेदार है तो सामाजिक सरोकार कैसे होगा? इस अंतरराष्ट्रीय बाजार में, इस वैश्वीकरण को जातिवाद से कोई नफरत नहीं है। जातिवाद बहुत अच्छा है, क्योंकि अगर यह समाज अपनी एक अखिल भारतीय पहचान बना ले तो खतरनाक साबित हो सकता है। बहुत बड़ी चुनौती दे सकता है। लेकिन चुनौती न हो ऐसा अखिल भारतीय रूप कभी इस समाज का पैदा न हो, इसलिए इसे छोटे-छोटे टुकड़ों में तोड़ना जरूरी है। हमारे यहाँ अखबारों को देखिए। जो आपके यहाँ बड़े-बड़े अखबार निकलते हैं, जिन्हें राष्ट्रीय अखबार कहते हैं, उनमें राष्ट्रीय कुछ नहीं है। अगर आपको राष्ट्रीय अखबार खोजना है तो आप अंग्रेजी का अखबार खोजते हैं, क्योंकि वैश्वीकरण की यह जरूरत है। हम अंग्रेजों के गुलाम थे, साम्राज्य बना था अंग्रेजों का अपना तो उसकी एक सामान्य भाषा थी अंग्रेजी। उन्होंने यह कोशिश की कि अंग्रेजी सब पर थोपी जाए ताकि उनकी भाषाई विशिष्टाताएँ जिसमें संस्कृति भी है कहीं उभर न आए। और जो नया ग्लोबल साम्राज्य है उसकी भी यही भाषा है। यह भी एक तरह का इंपेरिलिज्म है, उसकी भी वही भाषा है। वह हुकूमत करके नहीं आपकी जेब के माध्यम से, आपकी मरजी से, टेक्नोलॉजी के माध्यम से आपको मजबूर करती है कि आप अपनी भाषाओं को छोड़ दें या अगर आपके पास कोई अखिल भारतीय भाषा है तो आप उसे तोड़ दें, उसको अवधी, गढ़वाली, भोजपुरी, कुमाऊनी में बाँट दें, ताकि उसकी कोई अखिल भारतीय पहचान न हो।

इस तरह की पत्रकारिता में से अगर अब यहाँ बैठे छात्रों से हम पूछें कि क्या आपको ऐसी व्यवस्था मंजूर है, जिसमें आप अपनी संस्कृति की पहचान छोड़ दें, आप अपने राष्ट्र को छोड़ दें, अपनी भाषाओं को छोड़ दें,

ऐसी व्यवस्था में जीना आपको मंजूर है तो मुझे यकीन होगा कि मुझे नहीं है, आप कहेंगे हमें भी नहीं है। यदि हमें नहीं है, हम असहाय महसूस कर रहे हैं। निसहाय महसूस करने से हमारा काम बनेगा नहीं। कहीं तो हमें एक रास्ता निकालना पड़ेगा, कहीं तो एक साहस जुटाना पड़ेगा कि हम खड़े हो जाएँ और इसका मुकाबला करें। एक और बात जो मैं आपसे कहना चाहता हूँ। एक गलतफहमी है कि ग्लोबलाइजेशन कुछ बड़े व्यापारिक घरानों या बहुराष्ट्रीय निगमों का एक षड्यंत्र है। यह भी सच नहीं है। यह एक नई सभ्यता है। आज से लगभग 50 साल पहले 1960 के आस-पास एक फ्रेंच अखबार लैमोन के एक वरिष्ठ संपादक ने एक किताब लिखी—Neither through christ, not through marx, किताब फ्रेंच में थी। अंग्रेजी अनुवाद अमेरिकी दूतावास ने कराया और कुछ लोगों में बँटवा दिया। उसके माध्यम से कहा गया था कि एक और क्रांति आएगी जो न तो ईसा और न साम्यवाद के माध्यम से होगी। अमेरिका से टेक्नोलॉजी के माध्यम से आएगी और यह सच हुआ लेकिन उस वक्त उस लेखक ने यह नहीं कहा था कि यह एक नई संस्कृति और नई सभ्यता होगी। 60 साल बाद इस बाजारवाद के सबसे शक्तिशाली लेखक एलन टापलर की आखिरी किताब है—'Making of the new civilization'। उन्होंने कहा है कि यह एक नई सभ्यता है, जिसको हम विश्व में प्रमोट कर रहे हैं, किसी पर थोप नहीं रहे हैं। हम सारी दुनिया को इस नई सभ्यता में आमंत्रित कर रहे हैं। तो यह भी समझ लेना चाहिए कि हम जिस माहौल में इस वक्त चल रहे हैं, विराट् सभ्यता के अतिक्रमण में, उसके आक्रमण के माहौल में उसके साथ हमें सहयोग करने को कहा जा रहा है। जैसे हमने अंग्रेजी साम्राज्य को खड़ा करने में सहयोग किया था। अगर हमने सहयोग नहीं किया होता तो वे यहाँ स्थापित नहीं हो सकते थे। आज भी हम वही कर रहे हैं। पत्रकार यहाँ जाकर अपने मालिकों से ये बातें नहीं कर सकते। अपने अखबार को बदल नहीं सकते। उसमें सुधार की जरूरत है, बदलाव की जरूरत है। एक दिन अवश्य आएगा कि आपके हाथ में इतनी शक्ति आएगी कि आप उसे बदल सकें। अभी भी इस पत्रकारिता के

क्षेत्र में ऐसे बहुत सारे लोग हैं जो ऐसा सोचते हैं। शायद उनके बीच में एक तारतम्य बना नहीं, एक शक्ति नहीं बनी है कि वे सामूहिक आंदोलन पैदा करें। यह आशा हमें हर वक्त रहेगी कि ऐसा वर्ग है और इन छात्रों में एक बड़ा वर्ग हो जाएगा जो ऐसा आंदोलन चलाए। इस अतिक्रमण को जो सबसे विराट् अंग्रेजी शासन से भी बड़ा है, क्योंकि अब हम क्षुब्ध नहीं हैं, अब हम खुश हैं। अकसर हमारे पढ़े-लिखे लोग उससे अभिभूत हैं। जब भारतीय अर्थव्यवस्था में कथित उदारीकरण की बात आ गई, बहुत सारी चीजों से टैक्स हटा लिया गया तो मेरे एक मित्र मेरे पास आए और कहने लगे 'यार कमाल हो गया, हर चीज अब बाजार में मिलती है।' मैंने कहा क्या चीज मिलती है तो उन्हें एक विदेशी शराब याद आ गई जो बढ़िया है अब कनाट प्लेस में आसानी से मिल जाती है। तो उनके लिए रेव्यूलेशन यही है। जब हम इन छोटी-छोटी बातों को महान् उपलब्धियाँ मान लेते हैं तो हम उन्हीं का सहयोग कर रहे हैं। उस सहयोग को कब असहयोग के रूप में बदल सकें पता नहीं। आप कहीं यह नहीं समझें कि मैं आधुनिकता का मतलब विज्ञान या टेक्नोलॉजी को छोड़ने की बात कर रहा हूँ। टेक्नोलॉजी या विज्ञान हमारी जरूरतों के अनुसार ही होना चाहिए, इन पर हमारा नियंत्रण होना चाहिए, हम उसके नियंत्रण में न रहें।

□

मोह छोड़कर अखाड़े में उतरना ही जवानी है

—श्री के.एन. गोविंदाचार्य
(राष्ट्रवादी चिंतक एवं विचारक)

मेरी अपेक्षा है कि आप अपने मन में जरूर सोचिए, मनन कीजिए तदुपरांत आपको जो करणीय लगे वैसा कीजिए। मैं केवल आपकी जानकारी बढ़ाने अथवा अपनी बुद्धि विकास के लिए कुछ बोलना नहीं चाहता। इसका कारण है कि आज देश बहुत ही गंभीर चुनौतियों का सामना कर रहा है। देश बँट जाए, बिखर जाए यह खतरा फिर से सामने आया है। देश के अंदर और बाहर की अस्वस्थ ताकतें अपना जोर आजमा रही हैं इसलिए गंभीरता से कुछ पहलुओं का हम और आप मिलकर विचार करें, यह एक राष्ट्रीय आवश्यकता है। अभी-अभी अपने सी.आर.पी.एफ. के 83 नौजवान मारे गए, आपने समाचार पढ़ा है, सुना है, जाना है और जिस प्रकार नक्सलियों के विषय में मीडिया एवं सरकार टिप्पणी कर रही है, ये भी सुने-जाने जाएँगे। माहौल कुछ ऐसा बनाया जा रहा है कि मानो किसी दूसरे देश के साथ लड़ाई हो रही हो। सरकारों द्वारा अपनी नाकामयाबी छिपाने का इससे बड़ा हथकंडा और क्या हो सकता है? अभी जो 83 लोग मरे हैं उसके लिए विशुद्ध रूप से देश की नेशनल सिक्योरिटी काउंसिल, देश के प्रधानमंत्री, गृहमंत्री एवं मुख्यमंत्री ये ही प्रमुख रूप से जिम्मेदार हैं। केवल इसलिए नहीं कि उनकी गुप्तचर

व्यवस्था असफल हो गई, इसलिए कि ये लोग उसके लिए कसूरवार हैं कि उन्होंने इस सारी समस्या को समझने की कोशिश नहीं की। समझने के बाद उपाय कर दिमाग चलाने की कोशिश नहीं की, उपाय चलाने के क्रम में देश में जो अनुभवी लोग हैं उनसे राय-विचार की भी जरूरत नहीं समझी और लापरवाही का आलम यह उसके पश्चात् उस पर जो भी उपाय या तरीके सोचते थे उस पर ईमानदारी से कार्य नहीं किया। देश के करोड़ों लोगों की जान, माल, इज्जत की हिफाजत के बारे में क्रूर मजाक किया है। गरीब किसानों के ही घरों के लोग सी.आर.पी.एफ. में भरती हुए, उनमें से 83 लोगों की जान गई, 200 लोग आहत हुए। वह किनसे लड़ रहे थे? वे बाँग्लादेश, पाकिस्तान, चीन किसी से नहीं लड़ रहे थे। वे हमारे ही देश के ऐसे लोगों से लड़ रहे थे जिनके तरीके गलत कहे जा सकते हैं, लेकिन वे भी देश की विशिष्ट गैर-बराबरी और बेरोजगारी का विस्फोट कहा जा सकता है। किसी ने ये सोचने की कोशिश नहीं की, नक्सलियों के नाम से हजार डेढ़ हजार लोग कैसे इकट्ठा हुए, उन्होंने कैसे देशी हथियारों की बेखौफ राह को इस्तेमाल करना जरूरी समझा। वह कौन सी ऐसी बात है जिसके कारण वे अपनी जान लड़ा देने के लिए तैयार हो गए। वे केवल खरीदे हुए गुलाम नहीं हो सकते। अगर सी.आर.पी.एफ. का जवान अस्पताल में बेड पर लेटा हुआ कह रहा है कि अगर मौका मिला तो मैं फिर लड़ूँगा। तो वह केवल तनख्वाह के कारण ऐसा नहीं सोच सकता है।

मित्रो, मैं बहुत गंभीरता से आपसे निवेदन करता हूँ कि जो कुछ छपता है या मीडिया में हम देखते हैं उसी को पूरा समाचार मानने की भूल न करें। इसलिए राजसत्ता के सारे शास्त्र और विज्ञान को समझे बिना हम उसे हैंडल ही कैसे करेंगे? सत्ता की स्थापना मनुष्यों में प्रथमत: इसलिए भी हुई कि राज सत्ता उनके बचाव के लिए है जो खुद का बचाव न कर सकें, राज्य उत्पत्ति का उद्देश्य यही है। इसलिए राज्य को किन का बचाव करना था? मैं एक किस्सा बताता हूँ। मैं बस्तर गया था, वहीं पर मेरी भोजन की व्यवस्था थी। एक एम.एल.ए. भी आने वाले थे। गृहस्वामी ने एम.एल.ए. के बारे में

कहा कि वह अभी तक नहीं आया। मैं उसे जूते की नोक पर रखता हूँ, आएगा तो दो थप्पड़ लगाऊँगा। मैंने सीधे कहा, मैं आपके घर भोजन नहीं करूँगा, क्योंकि आपको इतना भी शऊर नहीं है। आप उसे अपना खरीदा हुआ गुलाम मान रहे हैं। क्योंकि आपका ईंट का एक भट्टा है, उसको चुनाव में चंदा देते हैं। वह जनप्रतिनिधि किसका है? तुम तो चुनाव अभियान में जीप में खुद तो आगे बैठते थे, लटकता हुआ प्रत्याशी चलता था। तो लोकतंत्र की व्यवस्था में सेंध कौन मार रहा है? तुम या वह?

मित्रो, ऐसी बहुत सी बातें हैं। इसलिए जब हम राजनैतिक कार्य संस्कृति की बात सोचें तो ऐसे बहुत से पहलू आपके भी मस्तिष्क में आने लगेंगे। आज की स्थिति यह है जैसा कि मैंने पूर्व में कहा 'जस दिस्त तस नास्त' अर्थात् जैसा दिखता है वैसा होता नहीं। इसलिए संसार थोड़ा चक्कर में पड़ जाता है। भारत में वेस्ट मिनिस्टर मॉडल का आयात सन् 1937 से हुआ है। 1946 होते-होते पार्टियों के संगठन, चुनाव की स्थिति यह बन गई थी जब पंडित जवाहर लाल नेहरू प्रधानमंत्री बने थे। प्रयाग के जिला कांग्रेस कमेटी के दौरान उनका कुरता फटा था। 1937 के चुनाव से जाति, क्षेत्र, भाषा और संप्रदाय पर उस बाहर की व्यवस्था को लादा जाना आरंभ हुआ। भारतीय राजनैतिक व्यवस्था अब चंद लोगों के निजी स्वार्थों के पिंजड़े में कैद होकर रह गई है और अपना उद्देश्य ही भूल बैठी है। जैसा मैंने कहा उद्देश्य 'उनका बचाव करें जो खुद का बचाव नहीं कर सकते', ठेकेदार, दलाल, चमचे, राजनेता, माफिया बड़े अफसर इनके बचाव के लिए सरकारें नहीं हुआ करती हैं, न होनी चाहिए। सन् 1952 के बाद एक समय था जब सत्ता बल ही प्रमुख था। पुराने लोग सन् 1967-1972 तक का कालखंड याद कर सकते हैं, जब 'आया राम, गया राम' ही पार्टी राजनीति का पर्याय बन चुका था। उछल-कूद मेंढकों के समान हो रही थी। बाजार में बिक रहे थे ये लोग, नीलामी लग रही थी इनकी। उसके बाद धीरे-धीरे आप देखेंगे तो सन् 1980 से 1995 तक बाहुबल का प्रभाव बढ़ा। राजनैतिक कार्य संस्कृति में सबसे ज्यादा अपराधी विधायक या सांसद उस कालखंड में ही बने पूरे देश में।

भारतीय बेमेल लोकतंत्र की व्यवस्था पर पहले सत्ता बल की परत चढ़ी, बाद में बाहुबल की परत चढ़ी और तत्पश्चात् 1995 से 2010 तक धनबल की एक और परत चढ़ी है। अब वोट से नोट और नोट से वोट तक राजनीति सीमित हुई है। राजनीति का मकसद सत्ता के उस उद्देश्य के प्रति नहीं है बल्कि अपनी आर्थिक हैसियत और रूतबा बनाने पर है। सभी दलों में कुछ अच्छे लोग होंगे, मगर सभी दल समूह के नाते, दल के नाते तो आज विदेश परस्त, अल्पसंख्यक परस्त और अमीर परस्त नेतृत्व की कैद में आ चुके हैं। जिन्होंने अब निर्णय प्रक्रिया पर कब्जा जमाया है उनका सरकार से सरोकार है, समाज से नहीं।

राजनैतिक कार्य-संस्कृति का एक और पहलू है जिसमें मीडिया और अकादमियाँ अपना प्रभाव दिखा रही हैं। ऐसी स्थिति समाज में बनाई जा रही है कि समाज अपनी जरूरतों का अंदाज भी भूल जाए। हर व्यक्ति अपने टंटे, बखेड़े में इतना उलझा रहे कि शेष समय ही बातों में गुजर जाए और यह भी जो हो रहा है इसमें मीडिया में विदेशी निवेश सबसे ज्यादा बढ़ा है, तबसे मीडिया का सामाजिक सरोकार खत्म सा है। समाज को तोड़ने में अब मीडिया का विशेष उपयोग होने लगा है।

आप याद करें ब्यूटी कांटेस्ट में जब सुष्मिता सेन और ऐश्वर्या राय मिस वर्ल्ड और मिस यूनीवर्स बनी थीं। वे कॉस्मेटिक्स की बहुराष्ट्रीय कंपनियों के द्वारा अपना बाजार फैलाए जाने के षड्यंत्र का हिस्सा था। इसलिए एक साल पहले से ही वे अनुबन्धित थीं कि वे फलाँ कंपनी का ही प्रचार करेंगी। विज्ञापन था। बाद में समलैंगिकता के बारे में कानून बनाने की जो कोशिश है, वह दुनिया के 600 बिलियन से ज्यादा बड़े सेक्स कारोबार के भारत में विस्तार के लिए की जा रही है। उसी F.D.I. की मार के कारण टी.वी. सीरियल, परिवार तोड़क सीरियल, उपभोक्तावाद को बढ़ाने के सीरियल भारत में बढ़ रहे हैं और इन सभी बातों को प्रगति के नाम पर ही बेचा जा रहा है। उसी प्रकार आप गौर करेंगे कि सत्ता के जो अंग हैं, अलग-अलग तरीके से बाजारवाद की मुहिम को अपनी तरह से आगे बढ़ा रहे हैं।

आज के राजनैतिक क्षितिज का जो चित्र उभर रहा है वह ऐसा है जैसे फुटबॉल का मैदान हो। लोकतंत्र का तकाजा है कि एक तरफ से खिलाड़ी गोल करें तो दूसरी तरफ से खिलाड़ी गोल को रोकें। लेकिन अब लोकतंत्र की बिसात ऐसी बिछ गई है कि बाजारवाद के प्रभाव में, सत्तापक्ष और विपक्ष दोनों ने हाथ मिला लिए हैं। इसके कारण ऐसी स्थिति बन गई है कि मानो 22 खिलाड़ी मिलकर गोल दाग रहे हों जनता के खिलाफ, गरीबों के हक-हित के खिलाफ। खाद्य सुरक्षा बिल की बात हो, जमीन अधिग्रहण बिल की बात हो, आप कहीं भी देखेंगे गरीबों के हक और हित के खिलाफ, बड़े-बड़े शाहों के पक्ष में, उन्हें उपकृत करने के लिए आवश्यक नीतियाँ बनाई जा रही हैं। चाहे जमीन अधिग्रहण के नाम पर खदान को खोल कर अरबपतियों को दिए जाने की बात हो, उड़ीसा में आंदोलन चल रहा है, झारखंड में आंदोलन चल रहा है बहुत बड़ी मात्रा में लुटेरे कब्जिया रहे हैं और पूरे देश को भिखारी बनाने की साजिश है। साठ के दशक में अफ्रीका के साथ क्या व्यवहार किया गया था। अफ्रीका को अमेरिका बनाएँगे यह कहकर लोग वहाँ घुसे थे। अफ्रीका की क्या स्थिति हुई, सोमालिया के समुद्री डाकू हैं वे उसकी दास्तान बयान कर रहे हैं। आज वही स्थितियाँ फिर हमारे देश में हैं तो ऐसी स्थिति में होगा क्या? होगा वही जो अभी दँतेवाड़ा की तरफ हुआ है। होगा वही जो संसद में महिला आरक्षण के दौरान पीठासीन अधिपति के पास कागज छीनने के लिए लोग गए। यदि जनभावना को नहीं समझा गया तो वही होगा जो 6 दिसंबर 1992 को अयोध्या में हुआ।

अभी-अभी भोपाल में मेरे एक मित्र ने प्रदर्शनी लगाई। 'भोपाल के बारे में राजा भोज का योगदान' पूर्व में नाम भोजपाल था जो बाद में बिगड़कर भोपाल हो गया। उस प्रदर्शनी में वह दिखा रहा था कि वह लौह स्तंभ जो कुतुबमीनार के पास है, वैसा ही लौहस्तंभ थार में भी है, वैसी ही भोजशाली वहाँ भी है। उन सबको दिखाते हुए वहाँ लिख दिया कि यह फलाँ जमाने में हौरांगशाह के समय में तोड़ा गया, उसमें नीचे गजेटियर का उल्लेख भी कर दिया। तो एक सज्जन आए, उन्होंने कहा इससे भावनाएँ भड़कती हैं, भावनाओं

को चोट पहुँचती हैं। मित्र ने कहा कि अगर आपने भावनाओं का खयाल रखा होता तो 6 दिसंबर घटता ही क्यों? आप एक तरफ भावनाओं का मजाक उड़ाएँगे, खिल्ली उड़ाएँगे, दूसरी तरफ भावनाओं के संरक्षण की बात करेंगे तब तो समस्याएँ और उलझेंगी तो वे चुपचाप सरक लिए थे।

मैं यह कहना चाहता हूँ कि जब समाज में संयम, संवाद और संविधान का आसरा छोड़ दिया जाता हो तो कुछ लोग ही अपने अहंकार में मदहोश हो जाते हैं। जैसे एक समय 'इंदिरा इज इंडिया, इंडिया इज इंदिरा' के तहत प्रधानमंत्री भी मदहोश हो गई थीं, एमरजेंसी लग गई थी। उसी प्रकार अभी भी स्थितियाँ हैं, जिसमें सत्ता पक्ष, विपक्ष एक हो गए हो। 22 खिलाड़ी गोल दाग रहे हैं। जनता के हक और हित को बचाने के लिए कोई लगा नहीं होगा तो स्वाभाविक कर्तव्य होगा कि दर्शक दीर्घा में जो लोग होंगे वही लोग कूद कर मैदान में आएँगे कि ये खेल बंद करिए, ये खेल नहीं मजाक कर रहे हैं या हम आते हैं गोल रोकने के लिए। मित्रों आज जो लोकतंत्र की स्थिति होती जा रही है उसमें यदि देश संवाद, संयम, संविधान और समाधान के तरीके में न जा सकेगा तो देश अराजकता की ओर जा बढ़ेगा। देश अराजकता की ओर बढ़ेगा तो देशी-विदेशी गलत ताकतें उसका लाभ लेंगी। लेकिन इस लाभ के लिए देशी-विदेशी ताकतों को दोषी ठहराना ठीक नहीं होगा। ये जो आंतरिक राजनैतिक स्थितियाँ हैं, मैं मानता हूँ कश्मीर के क्षेत्र में पाकिस्तान जो हमेशा से आँख गड़ाए हुए है, लेकिन मैं यह नहीं मान सकता कि भारत का राज्य कश्मीर को दे देने के लिए उतावला क्यों है? 1996 के समय में ही 'फरूक अटवारी', कश्मीर स्टडीज ग्रुप की रिपोर्ट को उस सरकार ने क्यों तरजीह दी थी? बाद में यूपीए की सरकार तरह-तरह के समाधान की कवायद करने लगी है जो गलत है। विपक्ष तो आज निस्तेज हो चुका है, अनैतिक ताकतों का शिकार है, कहाँ से नैतिक ताकत जुटाएगा जो खुद ही उस रास्ते पर चल पड़े।

मित्रो, इसलिए इन सारी स्थितियों को आप निष्पक्ष, निरपेक्ष, आम आदमी के नजरिए से गरीब के हित और आवाज से देखेंगे, तब लगेगा कि

आज की स्थितियाँ कितनी विषम है, कितनी चुनौतीपूर्ण हैं। इसके लिए राजनैतिक दल स्वयं में समस्याओं का समाधान करने में अक्षम है, ऐसा मेरा तीन बार के सत्ता परिवर्तन का अनुभव कहता है। इसलिए मैंने अध्ययन अवकाश लिया था, इसलिए ध्यान में आया था कि इसमें से अगर आगे जाना है तो केवल सत्ता परिवर्तन की कवायद में समय नष्ट करने से काम नहीं चलेगा। उससे अपने लिए तो हासिल किया जा सकता है, जैसे 'गरीबी हटाओ' नारा लगाने वालों ने अपनी गरीबी हटा ली, गरीब वैसे ही रह लिए थे। विकास-विकास चिल्लाने वाले लोगों ने अपना विकास कर लिया था। एक-से-एक मठ लोगों ने स्थापित कर लिए थे, संपत्ति पर संपत्ति खड़ी कर ली थी। लोक सभा में पिछले पाँच साल के अंदर किन्होंने कितनी बड़ी संपत्तियाँ बना लीं जिसका एफेडेविट (शपथ-पत्र) उन्होंने दिया है, उसी को देख लीजिए तब अनैतिकता की पराकष्ठा आपको समझ में आएगी। इसमें हर दल में अच्छे व्यक्ति आपको मिल जाएँगे लेकिन दलों का सामूहिक चरित्र यदि देखेंगे तो एक सा आपको दिखाई पड़ेगा। इससे हमको अगर समाधान की ओर जाना है तभी मैं बार-बार कहता हूँ कि विकास की परिभाषा बदलेंगे, G.D.P., growth rate यह सब परिभाषा भारत की नहीं हो सकती। विकास की उस परिभाषा को अगर आप मानिएगा तो आपको मानना पड़ेगा फोर्ब्स 500 की सूची में भारत के कोई मित्तल, कोई अंबानी शामिल हो जाते हैं तो भारत को प्रगतिशील बना दिया जाएगा। भारत की प्रगति इस बात से तय नहीं हो पाएगी कि कुपोषण में इतने बच्चे क्यों मर रहे हैं? हमारे देश में सारे आदिवासी जगह-जगह क्यों भटक रहे हैं? विस्थापन और पलायन की गति की इति या अंत होने वाला है या नहीं। हमारे देश के प्रत्येक नागरिक की बुनियादी जरूरतें पूरी हों, हरेक को ईमान की रोटी और इज्जत की जिंदगी मिले। यह पैमाना कभी बन पाएगा, यह सकल विकास है आदि के पैमाने से कभी संभव नहीं हो पाएगा। उसमें तो यही संभव होगा कि भारत तो महान् इसलिए है, भारत की प्रगति इसलिए है कि भारत के एक उद्योगपति मुकेश अंबानी ने अपनी पत्नी को विवाह वर्षगाँठ पर 400 करोड़

रुपए का विमान उपहार में भेंट किया। इससे बड़ा देश की प्रगति का उदाहरण क्या होगा? इसलिए मित्रो, विकास को पहले समझना पड़ेगा, विकास की परिभाषा को बदलना पड़ेगा। भारत का विकास तब माना जाएगा जब यहाँ के प्रत्येक व्यक्ति को ईमान की रोटी और इज्जत की जिंदगी मिले, प्रत्येक बच्चे को रोज 300 ग्राम दूध, 300 ग्राम सब्जी और 300 ग्राम फल रोज मयस्सर हो। विकास तब कहा जाएगा जब भारत में जमीन की उर्वरता बढ़ती चले और खाद की जरूरत घटती चले। जलस्तर बढ़े तो वनाच्छादन पूरा हो। गौ के लिए जमीन होनी चाहिए। एक तिहाई जमीन उन बेजुबान पशु-प्राणियों के लिए होनी चाहिए। उसका पट्टा लिख कर देने का अधिकार मनुष्य को नहीं है।

मेरे भारत ने कभी यह नहीं माना है कि जमीन व्यक्ति की है या राज्य की है। भारत हमेशा मानता रहा है कि सर्व भूमि गोपाल की, जमीन पर व्यक्ति और राज्य का अधिकार अक्षुण्ण नहीं हो सकता है। इसलिए विकास की इस परिभाषा को बदल कर मनुष्य केंद्रित विकास की परिकल्पना के आधार पर योजना, टेक्नोलॉजी और प्रबंधन पिछले डेढ़ सौ वर्षों में विकसित होता गया है। अब वक्त का तकाजा है कि यदि हम विकास के इन सारे पैमानों को बदल दें तो विकास की तकनीक भी बदलेगी, विकास का प्रबंधन भी बदलेगा, तब भारत में समृद्धि एवं संस्कृति का संतुलन ठीक बन पाएगा। समृद्धि केवल रही तो वही रावण की लंका है, जो हनुमान द्वारा जलाई जाती है और केवल संस्कृति रही तो वही सुदामा है जो फटेहाल रहता है। भारत की कामना है समृद्धि और संस्कृति का संतुलन जिसका उदाहरण है अयोध्या। समृद्धि केवल लंका है जहाँ नारी की इज्जत नहीं थी। आदर्श रामराज्य अयोध्या का इसलिए कि समृद्धि और संस्कृति दोनों का समन्वय रहा। डेढ़ सौ वर्षों से आई हुई आयातित आर्थिक टेक्नोलॉजी, प्रबंधन एवं राजनैतिक व्यवस्था अब आखिरी साँस ले रही है। एक संक्रमण की अवस्था आ चुकी है। यह सब बदल रहा है। दुनिया में अलग-अलग ढंग से बदल रहा है। भारत में भी बदलना है। यह सड़ी-गली व्यवस्था टिकी नहीं रह सकती,

कोई टिका कर रखना चाहे तो भी। इसलिए या तो एक सार्थक राजनैतिक विकल्प उभरेगा, देश की आवश्यकता पूरी हो या देश अराजकता की लपटों में झुलसे, इसी दोराहे पर देश खड़ा है। पुराने तरीकों से काम नहीं चलेगा। जो भी वेस्ट मिनिस्टर मॉडल को हमने आयातित किया उससे बात पूरी नहीं बननेवाली है।

इसलिए इसमें भारत को अपनी तासीर के हिसाब से धर्म सत्ता, समाज सत्ता, अर्थ सत्ता और राज सत्ता चारों का संतुलन बिठाकर चलने की आवश्यकता है। जो परंपरागत अपनी तकनीक और प्रबंधन है उस पर आना है, उसी दृष्टि से गऊ और गंगा का विशेष महत्त्व है। गंगा में 70 प्रतिशत पानी बना ही रहे शेष 30 प्रतिशत कहीं भी विद्युत् या सिंचाई के लिए ले जाया जाए तभी गंगा, गंगा के नाते बहती रहेगी। गोमुख से विपुल प्रवाह में ही बना रहना गंगा के निर्मल और अविरल रहने की पूर्ण शर्त है। हजारों, करोड़ों रुपए बहाने के बाद भी गंगा निर्मल और अविरल नहीं हो सकती, अगर गंगा का प्रवाह निश्चित नहीं किया जाए। इसका जुड़ाव है विकास की संकल्पना से, ऊर्जा चाहिए, ऊर्जा के ऐसे स्वस्थ तरीके कौन से हों, जिसमें गंगा में भी 70 प्रतिशत पानी रहे और ऊर्जा की वहाँ की जरूरतें पूरी हो सके। भारत के पास साधन, बुद्धि, क्षमता, प्रतिभा सब विद्यमान है जो भारत की ऊर्जा की आवश्यकता स्वच्छ स्रोतों के द्वारा जरूर पूरा कर लेगी। उस पर विचार होने की आवश्यकता है। समाधान के लिए बहुत प्रतिभाएँ हैं और अपने पास विकल्प भी है लेकिन ये इस दिशा में इसलिए नहीं जाते हैं, मित्रो क्योंकि इसमें बड़ी परियोजनाएँ इसमें बड़े लूट के अवसर, बड़े कमीशन ये सब उसके साथ जुड़ी हुई बातें हैं और थैलीशाह उन सब लोगों को उपकृत करते रहते हैं। इसलिए वे सभी लोग दबी जुबान से अविरल गंगा की बात केवल कहते हैं। जोर से कहते हैं, निर्मल होनी चाहिए, वे यह समझकर भी अनजान बनने की कोशिश करते हैं कि निर्मलता अविरलता के बिना संभव नहीं है। लेकिन अविरलता की बात को जोर से बोलेंगे तो कर कमीशन का क्या होगा, थैलीशाहों के द्वारा दान दक्षिणा जो दी जाती है उसका क्या होगा? एक आँख

सारे साधनों पर, एक सत्ता पर और एक आँख गंगा मैय्या पर। अन्याय गंगा मैय्या नहीं सहेंगी।

खेती करेंगे मशीनी, रसायनी और चाहेंगे गऊ बच जाए, नहीं होगा। प्राकृतिक आवास ही अपना घर, बेटे-पोतों के साथ की जिंदगी जहाँ कोई कठिनाई हो तब अपवाद स्वरूप होगा वृद्धाश्रम, वैसे ही गाय का स्वाभाविक ठिकाना है किसान का खूँटा, वहाँ से खुली तो गाय कसाईखाने ही जाए। इसलिए खेती का तरीका बदलना होगा। उसी प्रकार जीवन शैली भी बदलेगी। यह सब विकास की कल्पना के साथ जुड़ी है। हम सुख भी चाहते हैं, पैसा भी चाहते हैं। एक हद तक साथ चलेगा पैसा। एक हद के बाद जो पैसा बढ़ेगा, सुख घटेगा, सात पीढ़ियों में हिसाब पूरा हो जाएगा। इसलिए जब हम भारत के नव निर्माण की बात कहते हैं तो विकास के उन पैमानों के विषय में फिर से विचार करने की आवश्यकता है और विकास की संकल्पना डेढ़ सौ वर्ष से मानव केंद्रित रही है। अब बदलने की आवश्यकता है। प्रकृति केंद्रित विकास में समृद्धि और संस्कृति का संतुलन होगा, उसी में भारत-भारत के नाते से बढ़ेगा। भारत को अमेरिका बनाने के चक्कर में ये लोग भारत को अफ्रीका बनाने की साजिश के हिस्सेदार हैं। आज इसलिए सारे रास्ते को बदलना है। मित्रो, मैं मानता हूँ कि नया ढाँचा, नए तरीके, नए औजार और नए लड़ाके चाहिए। केवल प्रेस, प्लेटफार्म, प्रोटेस्ट और पैरवी के आधार की राजनीति केवल मुल्लमेबाज नेताओं को पैदा कर सकती है, मैंनेजरों को पैदा कर सकती है।

भारत को अमेरिका बनाने के चक्कर में अगर अफ्रीका बना तो वे खुश ही होंगे, उनको इससे लेना-देना नहीं है। भारत के भी ऐसे काले अंग्रेज अपना आशियाना अमेरिका के यूरोप के कुछ देशों में बना चुके हैं। आगे की पीढ़ी को उन्होंने वहाँ स्थानांतरित कर लिया है। इसलिए भारत के बारे में इन सारी बातों का विचार उनको करना है जिनको और जिनकी पीढ़ी को आगे की जिंदगी को भारत में ही गुजारना है। इसलिए नया ढाँचा, नया तरीका, नए औजार और नए लड़ाके की बात मैं कहता हूँ। इस दिशा में जब आप जाएँगे

तो नए तरीके, बौद्धिक, रचनात्मक, आंदोलनात्मक तीनों होंगे। भारत के अपने ही जनों की हत्या करके उसको सही ठहराने के लिए ड्रोन विमानों का उपयोग भारत में भी हो तो आश्चर्य नहीं होगा, लेकिन उससे समाधान नहीं होगा। क्योंकि, आप बेरोजगारी और गैर बराबरी बढ़ाते चलें और लोग हताश भी न हों और मरता क्या न करता की स्थिति में पहुँच जाएँ। 'मुक्का मारे भी और रोने भी न दें' की स्थिति में हम अपने को पहुँचा रहे हैं। भारत की राज सत्ता अब उस स्थिति में पहुँच गई है तो इस हठवादिता से काम नहीं चलता। जन की चेतना, जन की समझ, जन की हिस्सेदारी के परिणामस्वरूप एक से एक तानाशाही राजा रहे होंगे, वे भी खत्म हुए होंगे। इंदिरा गांधी भी नहीं रही थी। इसलिए भारतीय ताकत शांतिपूर्ण पद्धति से रूपांतरण की है। इसलिए उस दिशा में अगर चलना है तो नया ढाँचा, नए तरीके, नए औजार, नए लड़ाके के साथ-साथ बौद्धिक, रचनात्मक और आंदोलनात्मक, इसलिए ऐसे जितने सेवा कार्य चल रहे हैं जो यह बता सकें कि हाँ विकेंद्रीकरण के आधार पर विकास संभव है। संभव है, कम पूँजी कम लागत का रोजगार, थोड़ा परिश्रम करें तो नौकरी के लिए लाइन लगाने के बजाए स्वरोजगार की दिशा में ईमान की रोटी, इज्जत की जिंदगी चलाने लायक कम-से-कम अर्जन तो कर ही लेंगे।

आंदोलनात्मक दिशा में भी पिछले वर्षों में गौ और गंगा के बारे में धीरे-धीरे मुद्दा जनता का बनता चला गया है और इस दिशा में और संघर्ष की जरूरत पड़ेगी। सारा संघर्ष विकेंद्रित होगा इस बार, ऐसी स्थिति बनाने में भी सफलता मिलेगी, जिसमें दिल्ली को पाँच लाख लोग घेर लेंगे दस दिन के लिए, दो-तीन साल के अंदर यह भी स्थिति बनाई जाएगी। आगामी वर्षों में इसलिए किसी के सामने दुम हिलाकर चापलूसी, चालाकी, साजिश, चमचागिरी—इस आधार पर जो नेतृत्व बनेगा वह भला क्या पराक्रम प्रदर्शन कर पाएगा। जन की समस्याओं को समझने महसूस करने, उसके लिए निस्स्वार्थ भाव से संघर्षरत रहने से जन नेतृत्व पैदा होता है। उसकी साख बनती है। जिले-जिले में ऐसे लोग खड़े होते चलें। वे अपने जिले की लड़ाई

लड़ें, हमारा जिला, हमारी दुनिया, सबको भोजन, सबको काम। यह आगे का नया रास्ता है जो भारत की तासीर, भारत के तेवर और भारत की जरूरत से मेल खाता हो। इस दिशा में जितना प्रयास चला है, उसमें यह किसी एक की न समझ है न ठेकेदारी है। इसमें जुड़ने की केवल एक शर्त है वह है साहस, पहल, प्रयोग और हिम्मत की जरूरत है, लोभ और भय से मुक्त होने की जरूरत है, मोह से छूटने की जरूरत है। बहुत बड़े-बड़े संगठन, बहुत बड़े-बड़े अभियान एक समय तक काम आते हैं, लेकिन मानव निर्मित हर संगठन के साथ चार स्थितियाँ होती हैं सृष्टि, स्थिति, क्षय और लय जैसे मनुष्य नश्वर है वैसे ही मनुष्यों के द्वारा बनाए गए उपकरण भी नश्वर हैं। मनुष्य की उम्र होती होगी 100 साल तो इन संगठनों की उम्र होती होगी 200 साल, लेकिन यह जो सद्-उद्देश्य से काम चलता है आगे की मुहिम के लिए खाद बन जाते हैं। जैसे आर्य समाज के सत्याग्रही 1942 में 70 प्रतिशत थे कुल सत्याग्रहियों के, लेकिन 1975 की एमरजेंसी के खिलाफ इस लड़ाई में 3 प्रतिशत थे आर्य समाजी पृष्ठ भूमि के सत्याग्रही। हिंदू महासभा एक समय थी जब उसने बहुत बड़ा कार्य किया परिवर्तन का, लेकिन आप यह भी मत भूलिए जब विभाजन की बात चलने लगी तो श्यामा प्रसाद मुखर्जी अध्यक्ष थे। उन्होंने विभाजन के समय 'हर हद तक विरोध किया जाएगा' यह प्रस्ताव पारित भी कराया था, लेकिन बाद में सावरकरजी की उपस्थिति में उस प्रस्ताव के खिलाफ प्रस्ताव पास हुआ। इतना ही नहीं जितनी आजादी मिल रही है अभी उसको ले लेना चाहिए, उसका उपयोग आगे के लिए करना चाहिए। व्यक्ति बड़ा है दल से, लेकिन दल से बड़ा है देश, व्यक्ति से बड़ा संगठन लेकिन संगठन से बड़ा है समाज। इसलिए समाज में जितनी शाश्वतता के आधार पर बातें होंगी, प्रयास होंगे, उनकी उम्र भी उतनी ही होगी। विचार शाश्वत होते हैं और ढाँचे समयानुकूल बदलते हैं। मंजिल एक ही रहती है, लेकिन उस पर चलने के लिए सवारियाँ बदलती रहती हैं। इसलिए इन सारी बातों का विचार करें। एक बात कहकर बात पूरी करता हूँ—महाभारत की बिसात बिछ चुकी थी, शक्ति संचय हो रहा था, लोगों को

शामिल किया जा रहा था। पांडव विचार-विमर्श कर रहे थे। भीम तुम तो वायु के पुत्र हो, हनुमान भी तो वायु के ही पुत्र हैं, तुम्हारे पूर्वज हैं उनको बुला लाओ तो कितना अच्छा, वे तो चिरंजीवी हैं। आज भी जीवित हैं, अकेले ही काम तमाम कर देंगे कौरवों का। खोजा कहाँ जाए तो खोजते-खोजते अलवर जिले में एक बंदर लेटा हुआ मिला। भीम उसके पास गए और पूँछ हटाने को कहा तो बंदर ने कहा कि मैं बूढ़ा हूँ, थक गया हूँ, खुद ही हटाकर चले जाओ। भीम ने बहुत कोशिश की मगर पूँछ हटा नहीं पाए। तब भीम समझे कि ये हनुमानजी हैं और पैर पड़े, क्षमा माँगी। हनुमानजी ने पूछा, कहाँ घूम रहे हो? भीम ने अपना उद्‌देश्य बताया, तब हनुमानजी ने कहा—देखो त्रेता के युद्ध के नियम अलग थे। मैं उस समय लड़ा हूँ। द्वापर में युद्ध के नियम बदल गए हैं। अब तो तुम्हें लड़ना होगा। मैं तो केवल उस कृष्ण के साथ में जो रथ है अर्जुन का, उसकी पताका पर बैठूँगा, हुँकार भरूँगा, शत्रुओं का मनोबल गिराऊँगा और वक्त पड़ा तो थोड़ी बहुत हिस्सेदारी भी करूँगा, वही हिस्सेदारी निभाई थी हनुमान ने।

तक्षक से जुड़ा हुआ जो बाज था वह अर्जुन की तरफ चला। तब हनुमान ने अपने भार का उपयोग किया रथ को नीचे कर दिया तो मुकुट को फेंकता हुआ वह बाण गया था कर्ण का। तो अब का जो तकाजा है इसमें और नए लोग और नौजवान लोग इस मुहिम का नेतृत्व सँभालें। इसलिए गंगा महासभा का गंगा का जो आंदोलन हुआ, उसमें यही कहा कि आवाहन गंगा मैया का, सान्निध्य संतों का, हम तो बुलानेवाले लोग हैं। केवल संगठनों की भूमिका उतनी ही रहेगी। समाज की नींव बहुत गहरी है और बहुत दूर तक इसकी जड़ें गई हुई हैं। इसलिए मैं देश के संदर्भ में जरा भी निराश नहीं हूँ और आगे नई कोंपले और फूटनेवाली हैं। सलाह-मशविरा, कभी-कभी की मदद और आशीर्वाद, इसी दिशा में मनुष्य को बढ़ना पड़ता है। क्योंकि उम्र का इलाज नहीं हुआ करता। इसलिए समय रहते अपने से अच्छे लोगों को आगे ला देने में ही कार्यकर्ता की सफलता है, ऐसा मैंने सीखा है। अभी भी मैं मानता हूँ कि राजनीतिक दृष्टि से भारत परस्त, गरीब परस्त, राजनैतिक

ताकत गढ़ी जानी चाहिए। ये मेरी प्रतिबद्धता का विषय है। जो मुझे अनुभव आता है, जो मैं करता हूँ, उन अनुभवों के ही एक छोटे हिस्से को आपके समक्ष मैंने रखा है। आप भी सोचिए क्या किया जाना चाहिए। सोचने में एक ही अड़चन आती है जो मेरा अनुभव आया है, वह है मोह और यह मोह बहुत बड़ा होता है। लोभ और भय से भी ज्यादा बड़ा घातक विकार है। मोह से स्मृतिभ्रंश होता है। स्मृतिभ्रंश से बुद्धि नाश होती है 'बुद्धिनाशात् प्रणश्यति' भगवद् गीता में कहा है कि कौन अपना है, वह सबसे बेबस, बेकस इनसान अपना है, वह जिसने अपनी जिंदगी अपने तरीके से जीकर हमारे सामने आदर्श प्रस्तुत किया है। अपना है वह जो अपने ही खानदान का सबसे छोटा शिशु हो, हमारे कोई भी निर्णय, कोई भी नीतियाँ, कोई भी काम इन तीनों को ले जाने वाले या कमजोर करनेवाले न हों, 'जाके प्रिय न राम वैदेही, तजिए ताही कोटि वैरी सम, यद्यपि परम सनेही', नए प्रयोग का दाँव लगाना, अखाड़े में उतरना, ताल ठोककर यही जवानी का प्रमाण है। यही कहकर मैं अपनी बात पूरी करता हूँ।

□

नेता वही है जिसे समाज की चिंता हो

—श्री संतोष कुमार गंगवार
(केंद्रीय मंत्री, भारत सरकार)

आजादी के 60 वर्ष से अधिक होने के बाद भी अगर अब तक हम देश के लिए दिशा नहीं दे पाए तो हमें सोचना पड़ेगा कि इसमें परिवर्तन कैसे किया जाए। हम सब जानते हैं कि द्वितीय विश्व युद्ध के समय कुछ देश बिलकुल बरबाद हो गए थे, अगर आज हम ध्यान करें तो आज वे देश दुनिया में एक अच्छे स्थान पर हैं और उनकी पहचान है, सम्मान है, और दुनिया को दिशा देने का कार्य कर रहे हैं। आजादी के बाद हम प्रयोग करते रहे कि समाजवाद लाएँगे, साम्यवाद लाएँगे, क्या लाए और उसका परिणाम यह हुआ कि आज हम उसी स्थान पर खड़े हैं।

आपको ध्यान होगा कि इस बार के लोक सभा के चुनाव में उत्तर प्रदेश में एक लोक सभा की सीट पर एक उम्मीदवार ने कम-से-कम 75 करोड़ रुपया खर्च किया होगा। पूर्व की बातों से आप परिचित होंगे कि हमारे देश में ही राजस्थान में श्री कृष्ण कुमार बिड़ला चुनाव हार गए थे। मैं इसलिए कह रहा हूँ क्योंकि चुनाव सुधार की बात सब करते हैं, हमारी पार्टी भी, चुनाव सुधारने के बाद बहुत परिवर्तन हुए। आप सबको ध्यान होगा कि श्रीमती इंदिरा गांधी का चुनाव खारिज किया गया था और आपातकाल के बाद जब चुनाव हुआ तो श्रीमती इंदिरा गांधी प्रधानमंत्री के पद पर रहते हुए पराजित हुई थीं। क्या अब ऐसा संभव है? हम निरंतर चुनाव सुधार कर रहे हैं। सारे

काम कर रहे हैं, पर लग रहा है कि मर्ज बढ़ता जा रहा है। अगर आप उम्मीद करें कि इस देश के अंदर परिवर्तन हो, इस देश के अंदर अच्छे लोग आएँ तो कैसे? आज लोग कहते हैं कि पढ़ा-लिखा तबका मत का प्रयोग नहीं करता है। ये आँकड़े बताते हैं, शहरी क्षेत्रों में आप जाएँ तो पाएँगे कि मत का प्रतिशत बदल गया है। यह मैं इसलिए कह रहा हूँ कि हमने लोकतंत्र चुना हुआ है। अब लोकतंत्र की प्रक्रिया को समाज में लेकर आना है तो हमको बहुत से समझौते करने पड़ेंगे। सबसे पहले जब इस दिशा में जाएँ तो हम देखेंगे कि दो-चार दलों को छोड़कर किसी में भी आंतरिक लोकतंत्र नहीं, सबके अंदर परिवारवाद जैसी समस्याएँ हैं। हम सब चाहते हैं कि भगत सिंह बहुत अच्छे इनसान थे, जिन्होंने देश को दिशा देने का काम किया, कहीं गलती से हमारे घर में न पैदा हो जाएँ। हिंदुस्तान दुनिया का सिरमौर है, हिंदुस्तान का तो कोई मुकाबला नहीं है, पर हमें यह बात भी दु:खी करती है कि हम जहाँ के तहाँ हैं और शायद उससे भी पीछे हैं। आज हम राजनैतिक स्वरूप की चर्चा कर रहे हैं तो इस आचरण को दुरूस्त करने का कार्य हम और आप सब मिलकर करेंगे, तभी होगा।

अगर वर्कर का दबाव नहीं है तो जो चुनकर भेजोगे वे निरंकुश हो जाएँगे या फिर वे आपके हिसाब से, संगठन के हिसाब से कार्य नहीं करेंगे। दुर्भाग्य यह है कि मैं जिस पार्टी से जुड़ा हूँ, भारतीय जनता पार्टी को सन् 91 में मौका मिला था, हमने उसका लाभ नहीं उठाया। हमने जिसको चाहा उसे टिकट दे दिया, जिसको चाहा उसको जिता दिया। उसका परिणाम 91 के बाद आज हम देख रहे हैं और छोटी सी गलती जो होती है पूरे देश के लिए दुर्भाग्य का विषय होता है। अगले 50 वर्षों के बाद लोग याद करेंगे कि वास्तव में देश के अंदर जो तीन दौर आए थे सत्ता परिवर्तन के, उन दौरों का परिणाम क्या रहा? हम लोगों के बारे में आकलन करेंगे। 300 वर्ष पहले ब्रिटेन के चुने हुए एक जनप्रतिनिधि के लिए इस क्षेत्र के निवासियों ने पत्र लिखा। आप हमारे यहाँ से चुनकर गए थे पर लौटकर आप आए ही नहीं। हमारे क्षेत्र की ये-ये समस्याएँ हैं। आपको चिंता करनी चाहिए थी, हमारे बीच में आना चाहिए था, हमसे

पूछना चाहिए था। उस हाउस ऑफ कॉमंस के मेंबर ने कहा कि आपकी हिम्मत कैसे हुई ऐसा पत्र लिखने की? आपको भी मालूम है कि आपने हमें कैसे वोट दिया और हमें भी मालूम है कि हमें कैसे वोट मिला? ढाई सौ वर्ष पहले तक वहाँ के पूरे के पूरे इलाके का सौदा होता था, जो ज्यादा पैसे देता था लोग उसको ही वोट देते थे। पिछले ढाई वर्षों में वहीं के लोकतंत्र में इस प्रकार के आचरण की एक भी शिकायत नहीं आई है। हमारा ताजा इतिहास चाहे कैसा भी हो हम उस दिशा में न जाएँ, यह हमारी और आपकी जिम्मेदारी है। नेता का मतलब केवल कुरसी नहीं होता है, जो समाज का कार्य करता है वह अगली पीढ़ी की चिंता करता है। सब इस बात को समझते हैं तो आप छाँटिए कि इनमें ऐसे कौन लोग हैं जो सिर्फ कुरसी की चिंता करते हैं। वह चाहे फिर कोई क्यों न हो, हमारे कितने ही निकट का क्यों न हो, उसे कहिए, भई समाज को, देश को आपकी जरूरत नहीं है। हमें उसकी जरूरत है जो हमारी अगली पीढ़ी की चिंता कर सके।

□

नई संविधान सभा की कल्पना से ही डरता हूँ

—श्री देवेंद्र स्वरूप अग्रवाल

(प्रख्यात इतिहासकार एवं वरिष्ठ पत्रकार)

अब से 51 साल पहले जब मैं 32-33 वर्ष का था उस समय पर संविधान के बारे में मेरे मन में कुछ प्रश्न पैदा हुए थे और उन प्रश्नों की शुरुआत केरल के चुनावों से हुई थी। वहाँ पर कम्युनिस्ट सरकार के सत्ता में आने से हुई, क्योंकि कम्युनिस्ट पार्टी इस संविधान को स्वीकार नहीं करती। उस समय पर भी उनका उद्देश्य था उस संविधान को ध्वस्त करना, तोड़ना। इसलिए यह प्रश्न उठा कि यह कैसी संवैधानिक रचना है कि जिसमें से ऐसी पार्टी जो संविधान को तोड़ना चाहती है एक राज्य में सत्ता में पहुँच गई। यहाँ से मेरे दिमाग में प्रश्न उठना प्रारंभ हुए, मेरा कोई अध्ययन नहीं था। एक भावुकता थी और उस भावुकता के कारण मैंने 1959 में पाञ्चजन्य में तीन लेख लिखे और टटोलना शुरू किया कि क्या इस देश में संविधान के बारे में कुछ और लोग भी प्रश्न उठा रहे हैं। तब मुझे आश्चर्य हुआ कि संविधान के बनने के 9 वर्ष बाद ही उसके बारे में प्रश्न उठना शुरू हो गए थे। एक लेख में हमने उस समय पर जो लोग प्रश्न उठा रहे थे उन तमाम प्रश्नों को इकट्ठा करके पाठकों तक पहुँचाने की कोशिश की। उसके बाद मैं भी इस राजनैतिक प्रणाली का हिस्सा था लेकिन 1972 तक पहुँचते-पहुँचते

मैं इस निष्कर्ष पर पहुँचा कि यदि भारत को जीवित रहना है तो भारत के नाते उसे इस संवैधानिक रचना से बाहर निकलने के रास्ते खोजने होंगे। अगर उसने रास्ते नहीं खोजे और भारत इसी संवैधानिक रचना में प्रवाह पतित की तरह बहता रहा तो भारत एक राष्ट्र के रूप में मर जाएगा, जीवित नहीं रहेगा।

मैं समझता हूँ कि भारत का आज का जो परिदृश्य है वह आप सबके सामने बहुत स्पष्ट है। हमने जो सपने सँजोए थे जिन सपनों को लेकर हमने खंडित भारत की स्वाधीनता की यात्रा प्रारंभ की थी वे सपने लगभग सब बिखर गए थे। मैं केवल एक सपने का उल्लेख करूँगा। हमने एक संकल्प लिया था कि हम एक जातिविहीन समाज का निर्माण करेंगे और उस संकल्प को सामने रखकर हमने 1951 की जनगणना में से जाति के कालम को हटा दिया था। केवल अनुसूचित जाति और अनुसूचित जनजाति का कालम 10 वर्ष की आपातकालीन व्यवस्था के रूप में हमने बनाया था। हमको यह विश्वास था कि शीघ्र ही यह कालम भी हट जाएगा और हम जातिविहीन समाज की गणना कर सकेंगे और हमारी जनगणना के अंदर एक राष्ट्रीय समाज विधिवत होगा। लेकिन आज की स्थिति क्या है? आज समूचा सार्वजनिक जीवन जाति के चारों ओर घूम रहा है और अभी यह माँग भी जोरों से उठाई जा रही है कि 2011 की जनगणना में जाति की गणना होनी चाहिए। जाति के अनुसार गणना होनी चाहिए क्योंकि अब अगर पूरा समाज जाति आधारित कोटों में विभाजित हो गया है, नौकरियाँ भी, शिक्षा भी, विधान सभाएँ भी तो फिर जाति के आधार पर जनगणना क्यों न हो। यह प्रश्न उठाया जा रहा है और जो अभी ताजा जाति है, नस्ल का कम है। ब्रिटेन ने अभी इस बात को उठाया और जाति पुरानी जो नस्लें थी, एथेनिक आइडेंटिटी उन्हीं का रूप है। हमने संविधान की उद्‌देशिका, उस प्रिएंबिल में हमने अपने राष्ट्रीय लक्ष्यों की घोषणा की। हम कैसे समाज का निर्माण करेंगे। उसमें सामाजिक न्याय होगा, यह होगा, वह होगा और आज की स्थिति क्या है हम उससे एकदम पीछे जा रहे हैं। उलटी दिशा में जा रहे हैं। मुझे यहाँ पर बौद्ध त्रिपिटकों में से भगवान् बौद्ध का एक संवाद स्मरण आता है। भगवान्

बुद्ध से किसी ने पूछा कि भगवन आप किस संबोधी की स्थिति पर पहुँच चुके हैं, क्या मैं भी उस स्थिति तक पहुँच सकता हूँ। बुद्ध ने कहा कि अवश्य पहुँच सकते हो, जैसे मैं पहुँच सकता हूँ वैसे तुम भी पहुँच सकते हो। व्यक्ति ने पूछा कैसे, बुद्ध ने कहा उसके लिए साधना का एक रास्ता है। सीढ़ियाँ है, उन सीढ़ियों पर चढ़कर तुम भी वहाँ पहुँच सकते हो। जैसे तुम यहाँ पर श्रावस्ती में बैठे हो और तुम्हें राजगृह जाना हो तो श्रावस्ती से राजगृह के रास्ते में कौन-कौन से नगर पड़ेंगे, कौन-कौन से गाँव पड़ेंगे? यदि तुम एक रास्ते पर चलो और वे नगर न पड़े तो तुम तब क्या सोचोगे? बोला कि मैं गलत रास्ते पर आ गया हूँ। तो तुम क्या करोगे? व्यक्ति बोला मैं फिर वापस आऊँगा और फिर सही रास्ते को खोजूँगा। तो आज फिर हमारे सामने यही प्रश्न खड़ा है कि अगर हम 15 अगस्त 1947 से गिने तो 63 वर्ष लंबी हमारी यात्रा है और यदि हम 26 जनवरी, 1950 से गिने तो 60 वर्ष लंबी हमारी यात्रा है। इस यात्रा में हम क्या सचमुच राष्ट्रीय लक्ष्यों के निकट पहुँचे या हम उनसे उलटी दिशा में जा रहे हैं? हमने सोचा था कि राष्ट्रीयता की भारत से ओतप्रोत एक स्वावलंबी, शक्तिशाली राष्ट्र जीवन का निर्माण करेंगे।

स्वाधीनता आंदोलन, जिसने हमें स्वाधीनता के प्रवेश द्वार में पहुँचाया उसके नायक महात्मा गांधी ने पश्चिम की सब संस्थाओं को नकारकर और भारतीय मिट्टी में से उपजी संस्थाओं को खड़ा करने का स्वप्न हमारे सामने रखा था। पिछले 63 वर्षों में ब्रिटिश साम्राज्यवादियों ने जिन संस्थाओं को इस देश की मिट्टी पर आरोपित क़िया था चाहे शिक्षा प्रणाली हो, चाहे अर्थ रचना हो, चाहे प्रशासन तंत्र हो, चाहे संवैधानिक रचना हो हम उन्हीं सब संस्थाओं का ज्योमैट्रिकल प्रोग्रेशन में विस्तार करते चले जा रहे हैं। आज अभी राय साहब ने बताया कि न्यायपालिका में कितने लंबित मुकद्दमे पड़े हुए हैं। वहाँ पर हमें न्याय की आशा ही नहीं हो सकती। आज न्यायपालिका की ईमानदारी पर, प्रामाणिकता पर रोज प्रश्न उठाए जा रहे हैं। शिक्षा प्रणालियों के बारे में खूब बहस चल रही है। इस व्यवस्था का आधार है संविधान। हमारे यहाँ पर यह आवाज आपने बार-बार सुनी होगी संविधान को मत

छेड़ो। संविधान एक पवित्र गाय की तरह से स्थापित हो गया है। 9 दिसंबर, 1946 को संविधान सभा की पहली बैठक हुई और 30 नवंबर, 1949 को हमने संविधान को अंतिम रूप प्रदान किया। यानी 2 साल 11 माह 17 दिन हमारे राष्ट्र का नेतृत्व संविधान निर्माण की प्रक्रिया में लगा रहा और उस संविधान सभा में स्वाधीनता आंदोलन का लगभग पूरा नेतृत्व विद्यमान था। नेहरू थे, पटेल थे, आजाद थे, डॉ. राजेंद्र प्रसाद थे, सब लोग वहाँ पर थे तो हम यह कैसे मान लें कि संविधान हमारा बनाया हुआ नहीं है। पंडित नेहरू ने वह ओबजेक्टिव रिज्यूलेशन तैयार किया था जो प्रिएंबिल के अंदर उपलब्ध है तो उन्होंने राष्ट्रीय लक्ष्यों की व्याख्या की थी। तो फिर यह संविधान उनका बनाया हुआ नहीं है हम कैसे मान लें। बहुत से लोग कहते हैं कि डॉ. अंबेडकर का बनाया हुआ है। यद्यपि अंबेडकर ने राज्य सभा के अंदर यह बात स्वीकार की थी कि मैं तो केवल टाइपराइटर था, मैं तो केवल स्क्राइब था। मैंने संविधान नहीं बनाया। एक बार आवेश में आकर उन्हेंाने यहाँ तक कह दिया कि मेरा बस चले तो मैं इसमें आग लगा दूँ। गुस्से में आ गए थे उन्होंने स्वयं इसको अस्वीकार किया है। लेकिन एक बहुत बड़े वर्ग के अंदर यह धारणा विद्यमान है कि डॉ. अंबेडकर ही संविधान के निर्माता थे। वस्तुतः जब कांग्रेस की तरफ से वयस्क मताधिकार पद द्वारा निर्वाचित संविधान सभा की माँग मई 1946 से उठना प्रारंभ हुई तो उसका विरोध करनेवाले सबसे पहले डॉ. अंबेडकर थे। संविधान सभा की तमाम कार्यवाही का हम अध्ययन करेंगे तो दिखाई देगा कि संविधान निर्माण की प्रक्रिया में केंद्रीय भूमिका एक आई.ए.एस. ऑफिसर की थी जिनका नाम था बी.एन. राय, वे संविधान वेत्ता थे। ब्रिटिश सरकार ने एक ऑफिस बनाया था जिसका नाम रिफोर्म ऑफिस था, उसी में 1935 के एक्ट के क्रियान्वयन अधिकारी थे। संविधान के निर्माण में उनकी केंद्रीय भूमिका थी। एक बड़ी दिलचस्प बात यह है कि जो संविधान सभा बनी उसकी कांग्रेस ने माँग की थी कि हम वयस्क मताधिकार से निर्वाचित संविधान सभा चाहते हैं। लेकिन जो संविधान सभा 9 दिसंबर, 1946 से प्रारंभ हुई वयस्क मताधिकार द्वारा निर्वाचित नहीं

थी। 1935 के एक्ट में 16 प्रतिशत जनसंख्या को जो मताधिकार मिला था उस मताधिकार के द्वारा जो संविधान सभाओं के सदस्य निर्वाचित हुए थे उन विधान सभाओं के सदस्यों के द्वारा अप्रत्यक्ष निर्वाचन से। यानी इस संविधान सभा का निर्वाचन प्रांतीय विधान सभाओं के सदस्यों ने किया था और वे प्रांतीय विधान सभा के सदस्य केवल 16 प्रतिशत जनसंख्या का प्रतिनिधित्व करते थे। जिन दामोदर सेठ का राय साहब ने जिक्र किया उन्होंने संविधान सभा में यह सवाल उठाया कि हम लोग तो यहाँ पर बैठे हैं क्या हम भारतीय जनता का प्रतिनिधित्व करते हैं? एसेंबली का एडवायजर किसने नियुक्त किया, वायसराय ने। संविधान सभा का निमंत्रण भेजा तमाम सदस्यों को किसने भेजा, वायसराय लॉर्ड वेवल के हस्ताक्षरों से वह निमंत्रण पत्र गया।

गांधीजी ने 4 दिसंबर, 1946 को सरदार पटेल के नाम एक लंबी चिट्ठी लिखी उन्होंने कहा भई यह जो संविधान सभा तुम बुला रहे हो वह तुम्हारी तो है ही नहीं यह तो ब्रिटिश सरकार की है। तो गांधीजी ने कहा कि यह तो ब्रिटिश सरकार की सभा है इसको मत बुलाओ। लेकिन अफरातफरी उस समय मची थी, जल्दी से जल्दी सत्ता का हस्तांतरण होना चाहिए। लॉर्ड वेवल ने बड़ी चतुरता के साथ यह किया। 1944 में उन्होंने एक पत्र चर्चिल को लिखा और उस पत्र में उन्होंने कहा कि हमने 1935 के एक्ट के अंतर्गत अपने प्रशासन तंत्र से, कांग्रेस की केंद्रीय लीडरशिप को अभी तक बाहर ही रखा है। किसी तरह से इनको भी प्रशासन तंत्र में लाना चाहिए। अगर प्रशासन तंत्र में हम इनको नहीं लाएँगे तो आंदोलन क्या रूप लेगा बताना कठिन है। इसलिए तो कैबिनेट मिशन प्लान था। 16 मई, 1946 का उस प्लान में अंतरिम सरकार और कांस्टिट्यूएंट इन दोनों को क्लब कर दिया गया। आप अंतरिम सरकार में भी जाएँगे और संविधान सभा भी बुलाएँगे तो ये लोग जिस समय में संविधान सभा पर बैठे हुए थे तब तक ये अंतरिम सरकार का अंग बन चुके थे। संविधान सभा का जो हमारा नारा था सरकार ने चुरा लिया और उसे बदल कर बोतल के ऊपर लेवल संविधान सभा की लगा दी। हम चाहते थे बालिग मताधिकार लेकिन 16 प्रतिशत मतदाता के

आधार पर संविधान सभा दे दी। जो संविधान सभा का पहला ड्राफ्ट था वह राय ने तैयार किया और वह ड्राफ्ट 1935 के एक्ट पर आधारित था। जब संविधान सभा में आया तो अंबेडकर ने समर्थन दिया। कहने लगे कि मुझे कोई शर्म नहीं है कि जो ड्राफ्ट है 1935 के एक्ट पर आधारित है। वस्तुतः हमारी जो पूरी संविधान निर्माण की प्रक्रिया है वह 1935 के एक्ट के अंदर कैबिनेट मिशन प्लान और इंडियन इनडिपेंडेंस एक्ट तीनों के 80 प्रतिशत पर आधारित है। इसलिए अंग्रेजों के द्वारा भारत में संवैधानिक सुधार क्रिया प्रारंभ हुई है जो 1861 के इंडियन काउंसिल एक्ट से शुरू हुआ और 1935 तक चलता रहा।

इस संविधान में से क्या निकलेगा यह अंग्रेजों को पहले से पता था। मैं केवल दो उदाहरण उसमें से आपके सामने रखूँगा। अभी मैंने प्रारंभ में कहा कि आज हमारा पूरा जीवन जाति केंद्रित हो गया है। हमको दिखाई दे रहा है राजनैतिक नेता एक जाति एक छोटा सा क्षेत्र चुन लेते हैं और उसके साथ यादव+मुसलिम और जाट+मुसलिम, अनुसूचित जाति+मुसलिम एक गठजोड़ बन गया है तो समझते हैं कि अगर चार सीट लोकसभा में अपनी आ गई तो एक मंत्रीपद का सौदा हम कर लेंगे। राजनैतिक नेतृत्व ने इस विखंडन में निहित स्वार्थ पैदा कर दिया है। आपको ध्यान होगा कि कांशीराम कहा करते थे कि मैं तो चाहता हूँ कि हर 6 महीने में चुनाव हों क्योंकि हर बार चुनाव होगा हमारी ताकत बढ़ेगी। अब जो राजनैतिक प्रक्रिया है यह सामाजिक विखंडन को जन्म दे रही है। सामाजिक विखंडन राजनैतिक दलों में प्रतिबिंबित हो रहा है। राजनैतिक दलों का उनमें निहित स्वार्थ पैदा हो गया है तो अब इस राजनीतिक प्रक्रिया के द्वारा राष्ट्रीयता की भावना को सुदृढ़ करने का तो प्रयास ही नहीं करना चाहिए। अब लोगों ने यह मान लिया है कि अखिल भारतीय राष्ट्रीयता पर आधारित कोई भी दल लोकसभा में पूर्ण बहुमत में नहीं पहुँचता। गठबंधन धर्म का उसको निर्वाह करना है। गठबंधन धर्म माने सिद्धांतहीन सौदेबाजी। आपको ध्यान होगा कि जो हमारे महान् राजनीतिज्ञ आजकल हमारे गृह मंत्री हैं उन्होंने जिस समय पर देवगौड़ा के बारे में

विश्वास मत लाया गया था उस पर बहस हो रही थी तो उन्होंने कहा कि, फ्रेग्मेनटेशन इज द फ्लोवरिंग ऑफ द डेमोक्रेसी।

अंग्रेज शासकों के सामने जातियों के प्रभाव को तोड़ने का एक दस्तावेज आया जिसे माउंटेग्यू चैंबर्स फोर्ड डिस्पले कहा जाता था, जिसमें दलील दी गई थी कि जातियों की दीवारें तोड़ने के लिए भारतीयों को चुनाव प्रक्रिया से गुजारा जाए। लेकिन प्रसिद्ध इतिहासकार विंसेंट स्मिथ ने कहा कि यह दस्तावेज ही भ्रामक है। क्योंकि लेखक या तो भारतीय समाज को जानता ही नहीं या लोगों को मूर्ख बना रहा है। स्मिथ ने विश्लेषण करके दिखाया कि इस प्रक्रिया से अगर कोई संस्था शक्तिशाली बन कर आएगी तो वह होगी जाति व्यवस्था। यहाँ पर मैं यह कहना चाहूँगा कि भारतीय यथार्थ का जितना गहन और सूक्ष्म अध्ययन अंग्रेजों ने किया हमने नहीं किया। मैं आत्मावलोकन कर रहा हूँ। हम हरामखोर हैं, हम परिश्रम नहीं करना चाहते। आज भी भारतीय जातियों के बारे में जो अंग्रेजों ने 40 वोल्यूमस तैयार की है हमारे यूनिवर्सिटी सिस्टम में वही रेफरेंस रूल हैं। उन्होंने जो हमारी भाषाओं का सर्वेक्षण किया है वही आज हमारे यूनिवर्सिटी सिस्टम में रिफरेंस रूल हैं। आज जरा स्वाधीन भारत में गजेटियर बने हैं और अंग्रेजों के दौर से तुलना करें तो आप पाएँगे कि 90 प्रतिशत उन्हीं की भाषा बदलकर उनको हमने नए गजेटियर बना दिया। चाहे महाराष्ट्र हो, चाहे बंगाल में हो, चाहे पंजाब में हो अंग्रेजों ने भारतीय ढाँचे को बहुत ही गहराई से समझा था और उसके आलोक में उन्होंने अपनी नीतियों का निर्माण किया। बहुत आगे तक का सोचकर निर्माण किया और उन्हीं नीतियों के जाल में हम आज भी विद्यमान हैं। लेकिन नई संविधान सभा चाहिए मैं इसको सुनते ही डर जाता हूँ। 1946 में जब संविधान सभा बैठी तो राष्ट्रीयता की भावना सर्वोपरि थी। विभाजन की छाया में वह संविधान सभा बैठी थी और उसके उस समय पर राष्ट्र की एकता का भाव हर एक के मन के अंदर बहुत प्रबल था। आज भी अगर संविधान सभा बुलाई तो उसका रूप क्या होगा जरा सोचिए। पिछले साठ वर्षों के अंदर जो सामाजिक और राजनैतिक विखंडन हुआ है उसमें से नई

संविधान सभा का क्या रूप निकलेगा? अब तो राष्ट्रीयता की बात अपराध हो गया है। नैतिकता की बात करते हैं तो आप मौरल पुलिस का ठप्पा अपने ऊपर लगवाते हैं। जिस वातावरण में हम जी रहे हैं उसके अंदर नई संविधान सभा को बनाने की बात सोचना, कहना, कितना प्रासंगिक है? मैं तो केवल प्रश्न आपके सामने छोड़ रहा हूँ लेकिन हमें इसमें से बाहर निकलने का रास्ता खुद ही ढूँढ़ना होगा अगर हमें भारत के रूप में जीवित रहना है, एक राष्ट्र के रूप में जीवित रहना है और अपनी मान्यताओं के साथ जीवित रहना है। इन्हीं शब्दों के साथ बहुत-बहुत धन्यवाद।

□

व्यवस्था परिवर्तन के संदर्भ में संविधान

—डॉ. सुभाष कश्यप
(संविधान विशेषज्ञ एवं पूर्व महासचिव लोकसभा)

संविधान का काम है राजनैतिक व्यवस्था की स्थापना करना। आज हमारे पास संविधान तो है पर व्यवस्था लुप्त हो गई है। परिवर्तन होना है, हो नहीं रहा है। भारत का संविधान लागू हुआ 26 जनवरी, 1950 को और उसी तारीख से भारत एक सर्वप्रभुत्व संपन्न लोकतंत्रात्मक गणराज्य बना। किंतु यह समझना सही नहीं होगा कि भारत में लोकतंत्र का प्रादुर्भाव 26 जनवरी, 1950 को ही हुआ। भारत में लोकतंत्र का इतिहास बहुत पुराना है। उसकी जड़ें ईसा से कम-से-कम 5000 वर्ष पूर्व वैदिक काल तक जाती हैं। प्रतिनिधिक संस्थाओं का और लोकतांत्रिक सिद्धांतों का प्रथम निरूपण ऋग्वेद और अथर्ववेद में मिलता है और बाद में महाभारत में शुक्राचार्य के नीतिसार में, बौद्ध साहित्य में, कौटिल्य के अर्थशास्त्र आदि में आते हैं। यूनान के प्रथम लोकतंत्रात्मक गणराज्य सिटी स्टेट्स हैं, जिनकी बहुत चर्चा की जाती है। पाश्चात्य विद्वानों का मानना है कि लोकतंत्र यूनान के नगर राज्यों से ही प्रारंभ हुआ। उससे सदियों पूर्व भारत में गणराज्यों का जाल बिछा हुआ था। कह सकते हैं कि भारत ही लोकतंत्र का प्रथम पालना रहा है। फिर भी जिस रूप में हम आज अपने संविधान द्वारा स्थापित लोकतंत्र को जानते-पहचानते हैं उसकी संकल्पना परकीय थी। जैसा बताया गया अंग्रेजी शासन के विरुद्ध स्वाधीनता के दिनों में जन्मी-पनपी थी और इसकी प्रेरणा का स्रोत ब्रिटेन का

संसदीय लोकतंत्र था। हमारा संविधान और लोकतंत्र अपने जीवन के 60 वर्ष पूरे कर चुके हैं। राष्ट्रीय जीवन में जैसा कहा जाता है 60 वर्ष का काल कोई बहुत लंबा नहीं होता है, किंतु इन दशकों से झंझावात की गति से बदलाव आए हैं और सदियाँ वर्षों में सिमट गई हैं। जो कुछ पहले सदियों में हुआ करता था वह इन वर्षों में हुआ है। इसलिए मैं समझता हूँ यह समीचीन होगा कि हम देखें कि हमारे सपने कहाँ तक साकार हुए, कितने राख हो गए, हमने क्या खोया क्या पाया, हम कहाँ से चले थे कहाँ पहुँच गए।

प्रायः कहा जाता है कि संविधान निर्माताओं ने भारत के लिए जो राजनैतिक व्यवस्था चुनी वह ब्रिटिश ढंग की संसदीय व्यवस्था थी। मैंने भी कहा, लेकिन अगर थोड़ी गहराई से देखें तो पता चलेगा कि हमारी व्यवस्था ब्रिटिश ढंग की संसदीय व्यवस्था बिलकुल नहीं है। ब्रिटेन में जो चलती है उसमें और हमारे व्यवस्था में बहुत सारे मूलभूत अंतर है। हमने जो व्यवस्था अपनाई और जारी रखी, वह अंग्रेजों के द्वारा बनाई गई कैबिनेट मिशन प्लान, मंत्री मिशन योजना 1947 का भारत शासन अधिनियम और 1935 का भारत शासन अधिनियम—इन तीन को मिलाकर अगर हम भारत के शासन को देखें तो जैसा बताया गया 80 प्रतिशत संविधान वहाँ से ही मिल जाएगा। तीनों प्रलेख अंग्रेजों ने भारत के लिए बनाए थे और यह स्पष्ट ही समझा जा सकता है कि भारत को एक सुदृढ़ राज्य बनाने के लिए नहीं बनाए थे। उन्होंने भारत को विभाजित और कमजोर बनाने के लिए यह सब बनाए थे। पिछले दशकों में इस व्यवस्था के कार्यकरण में जो भयावह विसंगतियाँ पैदा हुईं, उन्होंने यह सोचने के लिए मजबूर कर दिया कि वह राजनैतिक संवैधानिक व्यवस्था हमारी आवश्यकताओं, आकांक्षाओं के अनुरूप है भी या नहीं। इसकी सफलता के लिए अनिवार्य पूर्व अपेक्षाएँ हमारे यहाँ विद्यमान हैं या नहीं? प्रश्न यह नहीं है कि वर्तमान व्यवस्था कितनी अच्छी है या बुरी है। प्रश्न यह है कि वह हमारे लिए कहाँ तक ठीक साबित हुई है। हमारी समस्याएँ सुलझाने में कहाँ तक सफल हुई है। जो यह व्यवस्था चल रही है, यह भी कहा जा सकता है वह 'कालोनियल मॉडल ऑफ ब्रिटिश सिस्टम'

है। औपनिवेशिक ढाँचा जैसा भारत में उसका उन्होंने बनाया और हमें कमजोर और विभाजित करने के लिए बनाया। आज भी हमारे शासकों की मानसिकता औपनिवेशिक है। अभी भी देश के एक स्वाधीन राष्ट्र के संप्रभुता संपन्न देश के नागरिक नहीं बन पाए हैं। आज भी हम राजा और प्रजा की भाषा में सोचते हैं। लोकतंत्र में स्वतंत्र राज्य में नागरिक मालिक होता है। लेकिन आज जो औपनिवेशिक व्यवस्था चल रही है, उसमें शासन चाहे वह सड़क पर खड़ा हुआ कांस्टेबल हो चाहे वह दफ्तर में बैठा हुआ बाबू हो, वह अपने को शासक वर्ग का समझता है और नागरिक को प्रजा समझता है। स्वाधीनता आने के बाद और स्वाधीनता के 63 वर्ष बाद भी आम आदमी को मेरे विनीत मत में आज तक स्वाधीनता के विहान का अनुभव नहीं हुआ। आम आदमी को अपने हाथों में सत्ता का हस्तांतरण होते हुए दिखाई नहीं दिया। हम गुलाम थे और गुलाम बने रहे, केवल शासक बदल गए। आज जब हम चारों ओर देखते हैं तो राजनैतिक व्यवस्था चरमराती हुई दिखाई देती है। परिस्थितियाँ विषम हैं, संकटपूर्ण हैं, लगता है हम विनाश के कगार पर खड़े हैं। ऐसे अंधे मोड़ पर जहाँ से कोई रास्ता कहीं जाता ही नहीं। अंग्रेजी में कहते हैं क्रॉस रोड पर खड़े हैं, लेकिन क्रॉस रोड पर, चौराहे पर तो चार विकल्प होते हैं, किधर भी जाया जा सकता है। लेकिन अगर आप अंधे मोड़ पर आ गए तो आगे कोई रास्ता ही नहीं। जैसा कहा गया कि एक विकल्प ही रह जाता है कि वापस जाएँ। हमारी गणना आज संसार के सबसे भ्रष्ट देशों में की जाती है। दुनिया के किसी अन्य देश में इतने निरक्षर लोग नहीं बसते जितने आज हमारे यहाँ हैं। न केवल भारत में सबसे निरक्षर लोग हैं अन्य देशों की तुलना में बल्कि दुनिया भर के निरक्षर लोगों का बहुमत भारत में रहता है, इसी प्रकार दुनिया भर के गरीब लोगों का बहुमत भारत में है। यह स्थिति है स्वाधीनता के 63 वर्ष बाद, इस स्थिति के लिए जिम्मेदार कौन है? कुछ लोगों का कहना है कि दोष राजनैतिक व्यवस्था का है या संविधान का है। दूसरे कुछ लोगों का कहना है दोष व्यवस्था को चलाने वालों का हैं, हो सकता है दोष व्यवस्था का भी हो। हम भारत के लोगों का भी हो।

जब भारत अंग्रेजी शासन की दासता से मुक्त हुआ और राष्ट्रीय आंदोलन के कर्णधार स्वाधीन भारत का संविधान बनाने बैठे तो उनके सामने सबसे बड़ी समस्या थी कि विभिन्न प्रकार से विभाजित, विखंडित भारत के लोगों को किसी प्रकार एक सूत्र में पिरोया जाए राष्ट्र निर्माण करने की उस समय राष्ट्रीयता की भावना थी, भारतीयता की भावना थी, हालाँकि देश का विभाजन सांप्रदायिक आधार पर हुआ था। भारत के संविधान निर्माता फिर भी चाहते थे कि सेकुलरवाद के नाम पर भारतीय राष्ट्रीयता की चेतना जगाई जाए। जिस समय संविधान बनना प्रारंभ हुआ था संविधान पारित होने से पूर्व तो गांधीजी नहीं रहे थे, लेकिन जब संविधान बन रहा था तो गांधीजी मौजूद थे और गांधीजी ने जो वक्तव्य दिए उनके अनुसार कह सकते हैं कि गांधीजी ने संविधान के द्वारा हर आह, हर आँसू को पोंछने का आदर्श रखा था और नेहरूजी ने संविधान सभा में प्रतिज्ञा की थी कि जब तक आँसू है, पीड़ा है, गरीबी है तब तक उनका काम समाप्त नहीं होगा। उनका विश्वास था कि संविधान भूखों को रोटी व नंगों को कपड़ा देगा और ऐसी व्यवस्था कायम करेगा जिसमें प्रत्येक व्यक्ति को अपनी सामर्थ्य के अनुसार अधिक-से-अधिक ऊँचा उठने के पूरे-पूरे अवसर मिल सकें। नेहरूजी ने कहा था कि अगर यह संविधान यह सबकुछ न कर सका तो मेरे लिए यह कागज के टुकड़े से अधिक कुछ नहीं होगा। हम सब जानते हैं कि देखे हुए सपने सच नहीं हुए। हम लोग भारत की हजारों वर्षों से चली आ रही संस्कृति की अक्षुण्ण, अविरल धारा के बावजूद भारत को एक राष्ट्र नहीं बना सके और स्थिति यह हो गई है कि आज हमारा समाज जितना विभाजित है, पहले कभी नहीं था। नक्शे पर खिंचीं रेखाओं से कहीं भयावह होती है मनों व भावनाओं में पड़ी दरारें जुड़ने की वजह हम बिखरे हैं। राष्ट्रीयता और एकता की बातें पुरानी पड़ गई हैं और जाति, भाषा, संप्रदाय, अल्पसंख्यकवाद और क्षेत्रीयता के आधार पर नई पहचानें सर्वोपरि हो गई हैं। एक समय था जब अपनी सारी कमजोरियों, कमियों, गरीबी व गुलामी के बावजूद अपने को भारतीय कहने में गर्व अनुभव करते थे। आज स्थिति यह है कि किसी

भारतीय को खोजने के लिए दिन की दोपहरी में लालटेन लेकर घूमना पड़ेगा।

अल्पसंख्यक आज भारतीय नाम का जीव हो गया है। जेहादी और नक्सली आतंकवाद से लड़ने में भी हम एकमत नहीं दिखाई देते। देश की एकता के विरुद्ध यदि कोई काम करता है तो हम यह कहने के लिए तैयार नहीं है कि वह देश का दुश्मन है। कोई ऐसा नहीं कहता क्योंकि भारतीयता व भारतीय एकता के नारे के सहारे कोई वोट बैंक नहीं बनता जबकि फूट डालकर वोट बैंक बनते हैं। संसद और विधान सभाओं में स्थान मिलते हैं, सरकारें बनती हैं और संसदीय लोकतंत्र चलता है। पहले अंग्रेजों के लिए कहा करते थे कि उनकी कूटनीति थी, फूट डालो और राज करो। किंतु आज की सरकारें भी वही कर रही हैं। सच तो यह लगता है कि राष्ट्र निर्माण की आवश्यकताओं में और पश्चिमी शैली के लोकतंत्र की सत्ता में आने या बने रहने की शर्तों में परस्पर विरोध है। राष्ट्र निर्माण का आधार है राष्ट्रीय एकता और मूलभूत प्रश्नों पर मतैक्य, जबकि सत्ता के सौदागरों के लिए इससे अधिक मूल्यवान है वोटों का कलेक्शन। वे तो पहले पनपते हैं फूट पर, विखंडन पर, विभाजन पर, बँटवारे पर, जाति-उपजाति, भाषा प्रदेश के आधार पर समाज को परस्पर विरोधी टुकड़ों में बाँटकर एक-दूसरे के विरुद्ध लड़ाकर अपने-अपने समूह की पहचान बनाने में निहित स्वार्थ पैदा कर अपना उल्लू सीधा करना ही इस व्यवस्था में राजनैतिक दलों का काम है। यही कारण है कि अंग्रेजी ढंग के लोकतंत्र के अंतर्गत राष्ट्रीय एकता का, एक संगठित भारतीय समाज की पहचान बनाने का हमारा उद्देश्य पूरा नहीं हो सका। प्रश्न उठता है कि आखिर हमारे संविधान निर्माताओं ने हमारे लिए ऐसी व्यवस्था चुनी क्यों? मनोवैज्ञानिक बताते हैं कि दास को, गुलाम को अपने मालिक की हर बात अच्छी लगती है। वह चाहता है कि मैं मालिक जैसा बनूँ, मालिक की वेषभूषा, भाषा, संस्कृति, संस्थान, इंस्टीट्यूशन वह सब उसको अच्छे लगते हैं। वह समझता है, वे ही आदर्श हैं। पश्चिमी देशों की पराधीनता में सदियाँ पनपने के बाद यह स्वाभाविक था कि हम अपने मालिकों के देश की शासन शैली और संस्थाओं की ओर आकृष्ट होते तथा उन्हें ही

सर्वोत्तम व अनुकरणीय मानते। स्वाधीनता संघर्ष के दिनों में भी राष्ट्रीय आंदोलन के नायकों की माँग रहती थी कि भारतीयों को भारत में वही सब अधिकार और अवसर मिले जो अंग्रेजों को अपने देश में प्राप्त थे। वैसी ही संसदीय व्यवस्था भारत में स्थापित हो जैसे ब्रिटेन में थी। आप कांग्रेस के प्रस्ताव देखिए। शुरू के बराबर 10 साल तक माँग यह होती थी कि हमें वे ही अधिकार मिले, वे ही इंस्टीट्यूशन मिले जो ब्रिटेन में हैं, क्योंकि मालिक की संस्थाएँ हमें सबसे अच्छी लगती थीं। यह गुलाम का मनोविज्ञान है। स्वाधीनता के समय हमारे प्रमुख नेतागण अधिकांशतः इंग्लैंड के तौर तरीकों में ढले-पले लोग थे उनमें से कुछ महारथियों को तो भारत की खोज करनी पड़ती थी।

किसी देश की जलवायु, माटी, लोगों, वातावरण के बीच पनपे, जन्मे राजनैतिक मंत्र के पौधे को और कहीं फिर से जमाना आसान नहीं होता। जो राजनैतिक व्यवस्था हमने अपनाई वह अपनों की व्यवस्था कदापि नहीं थी। वह राजेंद्र प्रसाद और अंबेडकर की कल्पना का प्रसाद भी नहीं था, उसे जयप्रकाश जैसे नेताओं का समर्थन भी नहीं प्राप्त था। जो संविधान बना वह भारतीय मानस के सपनों का स्वकीय भावना से प्रेरित संविधान नहीं था, वह तो अंग्रेजी वातावरण में पढ़े-लिखे और अंग्रेजी सभ्यता एवं राजनैतिक संस्थाओं से अभिभूत अभिजात वर्ग के कुछ लोगों का आदर्श मात्र था। देश की स्वाधीनता जल्दबाजी में यह सत्ता में आने की बेताबी में, विदेशी शासन के भारी दबाव में और उनकी शर्तों पर स्वीकार की गई। मैं निवेदन करूँ कि यह केवल यही नहीं था कि वे लोग सोचते थे कि देश इसके लिए तैयार नहीं है या देश को आगे चलाने के लिए संघर्ष उचित नहीं होगा। जब 1946 में अंतरिम सरकार बनी तो हमारे नेतागण मंत्रियों की कुरसी पर बैठ गए, हालाँकि पंडित नेहरू को प्रधानमंत्री की उपाधि नहीं मिली थी। वे वाइस प्रेजीडेंट ऑफ द एक्जिक्यूटिव कौंसिल थे। लेकिन वस्तुतः वह प्रधानमंत्री के रूप में काम कर रहे थे। एक बार कुरसी मिलने के बाद कितना ही बड़ा आदमी हो वह छोड़ना मुश्किल हो जाता है। गांधीजी कहते थे और जो तर्क

संगत था कि एक और संघर्ष की आवश्यकता थी। संभवत: अगर उस समय का नेतृत्व एक और संघर्ष के लिए तैयार हो जाता तो देश का विभाजन भी नहीं होता। संघर्ष होता जरूर, त्याग करने पड़ते, लेकिन मुझको लगता है अगर वह संघर्ष हो जाता तो देश का विभाजन नहीं होता और देश अति सुदृढ़ होकर उभरता। लेकिन जिन लोगों को कुरसी की लत पड़ गई थी वो उसको छोड़ने के लिए तैयार नहीं थे, तो जो भी अंग्रेजों ने डिक्टेट किया उसको मानकर और अभी तो जो पुस्तकें आई हैं उनसे लगता है कि न केवल माउंट बेटेन चलाते थे लेकिन लेडी माउंटबेटेन ज्यादा चलाती थी तो आदेश लेडी माउंटबेटेन के थ्रू मिलते थे। पता नहीं कहाँ तक सच है लेकिन ऐसी पुस्तकें आई जरूर हैं। अभी भी ऐसा ही है नाम बदल गया है। देश बदल गया है। इंग्लैंड की जगह दूसरा देश हो गया है।

गांधीजी ने कहा था कि उनके लिए स्वाधीनता का अर्थ होगा प्रत्येक गाँव में प्रत्येक व्यक्ति के लिए पीने के पानी की व्यवस्था किंतु 60 वर्ष बाद आज क्या स्थिति है? देश में एक लाख से अधिक गाँव ऐसे हैं। जिनमें पीने के पानी की व्यवस्था नहीं है या तो मीलों दूर से महिलाओं को सिर पर पानी ढोना पड़ता है या फिर जानवर और हाथी एक ही तालाब का पानी पीते हैं। आज भी ऐसे गाँव हैं जहाँ बँधुआ मजदूर हैं और गोबर को धोकर उसमें से अनाज के दाने निकालकर उसे धोकर उससे अपनी गुजर करते हैं। जबकि उन्हीं के जाति के नेता उनके नाम पर सांसद और नेता बनकर राजधानी में मुगलिया बादशाह बनकर ऐशो आराम की जिंदगी बिताते हैं। आज भी लोग ऐसे हैं जिन्हें शौचालय की सुविधा उपलब्ध नहीं है। खुले में जाना पड़ता है। ये हमारी उपलब्धियाँ हैं 63 वर्ष बाद। कैसी विडंबना है कि सड़कों पर कारों की भीड़ लगी हुई है, रोज ट्रैफिक जाम होता है, दूसरी ओर आर्थिक उदारीकरण की नीति के चलते हमारे देश की एक तिहाई आबादी गरीबी की रेखा से नीचे जीती है। लोकतंत्र का आधार है मानव जीवन का मूल्य और व्यक्ति-व्यक्ति के बीच का आधार, समानता, किंतु हमारे सामाजिक जीवन और तन आज भी सामंतवादी है। आज भी मनुष्य के जीवन की अलग-अलग कीमतें

लगती हैं। राज्य का सबसे बड़ा कर्तव्य है कि नागरिकों को सुरक्षा प्रदान करना। राजनीति शास्त्र के विद्वान् बताते हैं कि राज का जो उद्गम हुआ उसका मूल आधार था सुरक्षा प्रदान करना। आज भी राज्य का मूल उद्देश्य है नागरिकों को सुरक्षा प्रदान करना किंतु देश के कितने ही भागों में प्रशासन जैसी, कानून जैसी कोई चीज है ही नहीं। आज आम आदमी का जीवन कहीं भी सुरक्षित नहीं है। उसकी किसी को चिंता नहीं है, जबकि करोड़ों-अरबों रुपया उन लोगों की झूठी शान व सुरक्षा में खर्च किया जाता है जिनमें से अधिकांश को जेलों की सुरक्षा में होना चाहिए। किसी भी लोकतांत्रिक राजनैतिक सफलता के लिए जो चीजें अनिवार्य हैं उनमें से सबसे जरूरी है शिक्षा, शिक्षा के अभाव में लोकतंत्र की संस्थाओं की कल्पना एक ढकोसला मात्र है। लगता है कि अधिकांश जनता को अशिक्षित, पिछड़ा और गरीब रखने में हमारे शासन का गहरा निहित स्वार्थ रहा है। वयस्क मताधिकारी खतरनाक सिद्ध हो सकता है, क्योंकि उसके अंतर्गत शक्ति संख्या में आ जाती है। मोहम्मद इकबाल का एक शेर याद आता है—'जम्हूरियत वो तर्जे हुकूमत है, जिसमें बंदों को गिना करते हैं तोला नहीं करते।'

आज कोई भी आबादी की बढ़त को रोकने की बात नहीं कर सकता। क्योंकि उन्हे मालूम है कि इंदिरा गांधी के साथ क्या हुआ, इसलिए नहीं कि जनता इमरजेंसी के खिलाफ थी। बल्कि उसका कारण यही था कि नसबंदी के कारण एक बहुत बड़ा वर्ग कांग्रेस के खिलाफ हो गया और इंदिरा गांधी जैसे व्यक्तित्व को और उनकी पार्टी को हारना पड़ा। उसके बाद से कोई भी पार्टी जनमत से आबादी को रोकने की बात नहीं करती। अगर बात की भी जाती है तो उसको घुमा फिराकर फैमिली वेलफेयर आदि कहेगी। संविधान सभा में ये कांसलिटेड डिबेट अगर देखें तो संविधान सभा में कई लोग ऐसे थे जिन्होंने खुली चेतावनी दी थी कि वयस्क मताधिकार ऐसी शक्तियों को जन्म देगा जो राष्ट्रहित में काम करने के बजाए छोटे-छोटे समूहों के हित में काम करेगी। राजनैतिक लोग मत बटोरने के लिए इन समूहों के मतभेदों का लाभ उठाना चाहेंगे और इस प्रकार एकता की जगह फूट को प्रश्रय मिलेगा।

पेशेवर नेताओं की एक नई जाति को जन्म मिलेगा। यह संविधान सभा की वाद-विवाद में है। पेशेवर नेताओं की एक नई जाति जन्मेगी जो संविधान को विनष्ट कर देगी। क्योंकि पेशेवर, राजनीतिज्ञ समाज पर बोझ बन जाते हैं। वे अपने और अपने परिवार की रोजी-रोटी के लिए और कोई काम नहीं करते उनका मात्र सहारा मंत्रिपद, विधान मंडल की सदस्यता आदि रह जाता है और अगर हार जाएँ, फिर दलाली का काम करते हैं। यह स्थिति लोकतंत्र के लिए घातक है। वयस्क मताधिकार तो समाप्त नहीं किया जा सकता। निरक्षरता और गरीबी भी किसी जादू की छड़ी से एकदम दूर नहीं की जा सकती। यह स्वीकारना पड़ेगा कि पिछले 60 वर्षों में यह किया जा सकता था। हम बुरी तरह हारे और नेतृत्व ने हमें धोखा दिया। जनता के साथ विश्वासघात किया। हम स्वयं अपने गणतंत्र के आदर्शों और संविधान को क्रियान्वित करने में असफल सिद्ध हुए। सारी व्यवस्था क्षत-विक्षत हो गई, टूट-फूट गई, भ्रष्टाचार और लूट-खसोट की आड़ में नेताओं ने अपनी झोलियाँ भरीं, विदेशी बैंकों के खाते में भारी रकमें जमा कीं। घोटाले पर घोटाले किए अपने परिवार की भावी पीढ़ियों का भविष्य सुरक्षित करने का प्रयास किया और अपने खर्च को कम करने की बजाय महँगाई को बढ़ाया। करों में बढ़ोतरी की और राष्ट्र की किस्मत को बहुराष्ट्रीय कंपनियों और अमेरिकी आकाओं के हाथ गिरवी रख दिया। इतने विशाल बाजार को ही हमने विदेशी कंपनियों द्वारा उपयोग की सामग्री बेचने और शोषण करने के लिए मुक्त कर दिया। मुक्त बाजार की बात की जाती है, देश की प्रभुसत्ता को तिलांजली दे दी गई, हमारी इस स्वराज की माँग के पीछे विदेशी आक्रांताओं द्वारा आर्थिक शोषण के विरोध की बलबती भावना थी। आज राजनैतिक और आर्थिक निर्णय अधिकाधिक आकाओं के इशारों पर होते नजर आते हैं। देश-विदेशी दया पर आश्रित होता नजर आ रहा है। एक बार एक सांसद ने लोकसभा में अपनी इस पीड़ा को इस प्रकार प्रकट किया—

'ख्वाब में भी न सोचा था हमने कभी यह आलम भी चमन पर गुजर आएगा,
बागवाँ छीन लेंगे लिबासे बहार और फूलों का चेहरा उतर जाएगा।'

आज जनता को राजनैतिक व्यवस्था पर विश्वास नहीं रहा और प्रशासन से उसकी आस्था डगमगा गई है। विधि निर्माता खुलेआम खरीदे और बेचे जाने लगे हैं। यह बहुत गलत होगा कि हम सभी को एक ब्रश से काला कर दें, क्योंकि आज भी राजनीति में बहुत ऐसे लोग हैं जो निष्ठावान हैं सेवा को समर्पित हैं लेकिन वह अपवाद हैं। आम बात यह है कि विधि निर्माता खरीदे और बेचे जाने लगे हैं। भ्रष्टाचार, हिंसा, आतंकवाद, तस्करी और अन्य अपराधों तथा नेताओं, व्यापारियों, उच्चाधिकारियों के बीच साझेदारी के संबंध आम चर्चा का विषय बन गए हैं। यह कल्पना नहीं की जा सकती कि वर्तमान संकट का समाधान हो सकेगा। क्योंकि बहुत कुछ विवशताएँ व्यवस्थाजन्य हैं, उदाहरण के लिए आज की राजनीति चलाने के लिए किसी भी दल को चलाने के लिए चुनाव लड़ने के लिए टनों और मनों पैसों की आवश्यकता होती है, वह कहाँ से आएगा? कोई भी अपनी मेहनत की कमाई का टैक्स पेड मनी न नेताओं को देता है न राजनैतिक दल को कालाधन भी कोई यूँ ही देता है। कालाधन भी जो देता है तो उसके बदले में कुछ चाहता है। इस समय जो राजनीति चलती है। राजनैतिक दल चलाते हैं। चुनाव लड़े जाते हैं और कहीं-कहीं करोड़ों रुपया एक ही सीट पर खर्च होता है वह पैसा अधिकतर अपराध की दुनिया से आता है। तस्करों से आता है और स्मगलरों से, नार्कोटि स्मगलरों से आता है। पहले जब व्यापारियों व व्यवसायियों ने पैसा कम कर दिया तो ये जो अपराध की दुनिया थी, इनसे पैसा आने लगा। ये पैसा इसलिए देते थे कि अंग्रेजी में कहते हैं, जिसको प्रोटेक्शन मनी कि जब हम किसी मुसीबत में पड़ें तो किसी नेता के पास जा सकें वह हमारा बचाव करे। बाद में अपराधियों ने देखा कि हमारा ही पैसा हमारा ही बहुमत तो हम इन महाशयों को क्यों सुपुर्द करें। नतीजा हुआ कि वे स्वयं राजनीति में कूद गए और आज स्थिति यह है कि जो आँकड़े आए हैं लोक सभा में एक ओर 543 में से 300 लोग ऐसे हैं जो करोड़पति हैं। उनके अपने स्टेटमेंट के हिसाब से और 175 लोग ऐसे हैं जो अपराधिक प्रवृत्ति के हैं, जिनके खिलाफ हत्या वगैरह के मामले दर्ज हैं। 175 आपराधिक और 300 करोड़पति उन करोड़पति में भी बहुत से अपराधी

प्रवृत्ति के हैं। तो स्थिति यहाँ तक पहुँच गई है कि पहले राजनीतिकों को प्रोटेक्शन मनी की तरह अपराधी पैसा देते थे। देश के कुछ भागों में आज स्थिति है कि बड़े-बड़े नेताओं ने, मंत्रियों तक ने जो अपराध की दुनिया को पैसा देते हैं। उन्हें आज अपने आप को जिंदा रखने के लिए अपराधियों को स्वयं पैसा देना पड़ा है। पहले अपराधी उन्हें पैसा देते थे आज राजनीतिज्ञ अपराधियों को पैसा देते हैं। कई बार मंथली पेमेंट होता था ताकि वे उनके गुट से सुरक्षित रह सकें और जिंदा रह सकें। सच यह है कि हम केवल नेता तथा अपराधियों को ही दोष नहीं दे सकते। हम सबके चरित्र गिरे हुए हैं। जीवन में मूल्यों का आदर्शों का ह्रास हुआ है। स्वार्थपरता, थोथा भोगवाद और उपभोक्तावाद व्यवस्था का संकट नहीं है। राष्ट्रीय चरित्र का संकट है, आध्यात्मिक संकट है।

महाभारत में एक जगह विदुरजी धृतराष्ट्र से कह रहे हैं कि हे, राजन् आजकल सच्ची बात कहने वाले बहुत कम रह गए हैं और सच्ची बात को सुनने वाले और भी कम रह गए हैं। मुझे खुशी है कि इतने सारे लोग सच्ची बात को यहाँ सुन रहे हैं। महाभारत के समय में भी ऐसी बुरी स्थिति नहीं थी। आज जो स्थिति है उसमें जो मनसोहाती करते हैं, चाटुकारिता करते हैं, पुरस्कृत होते हैं और जो सच्ची बात कहने का अथवा किन्हीं मूल्यों की रक्षा करने का साहस करते हैं, वे तिरस्कृत होते हैं। आज पैसा, कुरसी, सत्ता, पद, अधिकारों की लड़ाई ही सबकुछ हो गई है। तो पढ़े-लिखे लोग बुद्धिजीवी, व्यापारी, डॉक्टर, अधिकारी, राजनेता, प्रशासक, उद्योगपति, अध्यापक, विद्यार्थी किसी के लिए कोई आचार-संहिता नहीं है। सफलता किस प्रकार मिले, किस प्रकार अधिक धन बटोरा जाए यही सबसे बड़ी कुशलता है, कोई मूल्य नहीं रह गए हैं। यदि ऐसा ही होता रहा और हम इसी संवैधानिक राजनैतिक व्यवस्था से चिपके रहे तो निश्चित ही हमारे लोकतंत्र का लोप हो जाएगा। गणतंत्र नष्ट हो जाएगा, स्वतंत्रता और गणतंत्र बड़े कोमल पौधे हैं और यदि उन्हें पूरी सतर्कता, स्नेह के साथ सींचा व सँवारा नहीं गया तो वे शीघ्र ही मुरझा जाएँगे। मैं समझता हूँ वर्तमान राजनैतिक व्यवस्था और इसे चलाने वाले जिसमें हम सब शामिल हैं, क्योंकि लोकतंत्र में हर नागरिक को हिस्सेदार,

भागीदार बनना होता है, अपनी जिम्मेदारी को समझना होता है अगर हम लोग अपनी जिम्मेदारी को नहीं समझते तो हम लोग लोकतंत्र के लायक ही नहीं हैं। राजनैतिक व्यवस्था को और इसे चलाने वाले दोनों को बदलना होगा ऐसी व्यवस्था लानी होगी जो हमारी आवश्यकताओं के अनुरूप हो। अगर हम लोगों में कमियाँ हैं तो हमारे लिए बनाई जानी वाली व्यवस्था भी ऐसी होनी चाहिए जो उन कमियों को भी ध्यान में रखकर बनाई गई हो। वर्तमान राजनैतिक व्यवस्था को चलाने और अच्छा सिद्ध करने के लिए कई बार कहा जा सकता है कि व्यवस्था तो बहुत अच्छी है लेकिन उसको चलाने वाले खराब हुए तो कुछ नहीं। मेरा निवेदन है कि अगर व्यवस्था बहुत अच्छी है मगर हममें ऐसी कमियाँ है कि हमारे लिए उपयुक्त नहीं है तो व्यवस्था को बदलना होगा। न इंग्लैंड से वहाँ की जनता का आयात किया जा सकता है कि वह आकर इस व्यवस्था को चलाएँ और सुधारें।

प्रश्न यह है कि रास्ता क्या होगा? एक बात तो यह है कि जब हम व्यवस्था परिवर्तन की बात करते हैं तो व्यवस्था परिवर्तन का अर्थ संविधान परिवर्तन जरूरी नहीं है, हमारे संविधान में संशोधन संविधान के अंतर्गत हो सकते हैं और वर्तमान स्थिति यह है कि लगभग हर सातवें महीने औसतन एक संशोधन हुआ है। संविधान के अंतर्गत रहते हुए हम उसमें संशोधन कर सकते हैं। दूसरी बात संविधान का अगर अध्ययन किया जाए और एक व्यक्ति ने उसका अध्ययन किया उसने देखा कि बहुत सारे अनुच्छेद ऐसे हैं जिसमें इस प्रकार कहा गया है कि 'अनटिल अदरवाइज प्रोवाइडेड वाई पार्लियामेंट बाय ला' अगर 'अदरवाईज प्रोवाइड' कर दें तो संविधान अपने आप बदल जाता है। तो मेरा निवेदन यह है कि विधान सभा लाने की या संविधान में आमूल परिवर्तन की एकदम आवश्यकता नहीं है। हो सकता है कि हम कभी ऐसे सशक्त हो जाएँ कि हम संविधान को आमूल बदल सकें लेकिन हम जिन सुधारों की बात करते हैं व्यवस्था में जो परिवर्तन हम चाहते हैं उनमें से 90 प्रतिशत परिवर्तन हम बगैर संविधान को तिरस्कृत किए मूलतः नकारे, कर सकते हैं। एक तो हम यह बात ध्यान रखें कि व्यवस्था

परिवर्तन और यह संविधान बहुत बुरा है इसको आग लगा दी जाए इसमें बहुत बड़ा अंतर है। दूसरा मैं कहना चाहूँगा कि हम सब बैठकर एकमत हो सकते हैं कि व्यवस्था में परिवर्तन होना चाहिए, क्या परिवर्तन हो वह भी संभव है कि हम थोड़े वाद-विवाद के बाद किसी निष्कर्ष पर पहुँच जाएँ और यह तय कर पाएँ कि ये परिवर्तन जरूरी हैं। भारत की संस्कृति के अनुसार, भारत की व्यवस्था के अनुसार, उस पर भी फैसला हो। लेकिन सबसे बड़ा सवाल यह है कि वे परिवर्तन आएँगे कैसे? लाएगा कौन उन परिवर्तनों को? किस प्रकार आएँगे? किस प्रकार आ सकते हैं? संभावना क्या है? पहली बात तो मैंने निवेदन किया कि हम थोड़ा सा अंतर कर लें व्यवस्था परिवर्तन में और संविधान को कूड़ेदान में डालने की भावना में। दूसरा जब हम सोचते हैं कि परिवर्तन कैसे आएगा संवैधानिक शांतिपूर्ण रास्तों से अगर परिवर्तन लाना है तो उस परिवर्तन को लाने में जो समूह है जो सक्षम है संविधान के अनुसार वही लोग हैं जिनका वर्तमान व्यवस्था में स्वार्थ है। जो इस भ्रष्ट व्यवस्था के चलते इस सत्ता का सुख भोगते हैं वे क्यों अपने पैरों पर कुल्हाड़ी मारें। हम शांतिपूर्ण संवैधानिक दृष्टि से ही बात करना चाहते हैं तो एक ही बात कही जा सकती है कि जन-जन को जगाया जाए, जन-जन को झकझोरा जाए, उद्वेलित किया जाए। हम आत्म चिंतन करें, अपने अंदर जो अंगुष्ट मात्र ज्योति है उसको जगाएँ और देश के लिए, त्याग के लिए तैयार हो जन-जन को जागृत करने के लिए आगे आने के लिए प्रेरित करें। किसी ने कहा इसके जवाब में क्या करें 'घर-घर लंका, जन-जन रावण, इतने राम कहाँ से लाऊँ।'

तो भी समस्या है, लेकिन इसके अलावा कोई रास्ता नहीं है। जैसा प्रयास यह मिशन कर रहा है और जैसा प्रयास देश में भी जगह-जगह पर हो रहा है और संभवत: एक दिन उससे जन-जन जागेगा, जन-जन सुधार के लिए प्रेरित होगा और एक नया भारत बनेगा।

□

आत्मनिर्माणी तंत्र विकसित करें

—श्री प्रकाश पंत

(तत्कालीन कैबिनेट मंत्री उत्तराखंड सरकार)

प्रत्येक विचारशील व्यक्ति का कर्तव्य है कि वह अपने जीवन को सार्थक एवं भविष्य को उज्ज्वल बनाने की आधारशिला आस्तिकता को जीवन में प्रमुख स्थान देने का प्रयत्न करे। ईश्वर को अपना साथी-सहचर मानकर हर घड़ी निर्भय रहे और सन्मार्ग से ईश्वर की कृपा एवं कुमार्ग से ईश्वर की सजा प्राप्त होने के अविचल सिद्धांत को हृदयंगम करता हुआ अपने विचारों और आचरण को सज्जनोचित बनाने का प्रयत्न करता रहे। इसी प्रकार, जिसे अपने परिवार में स्त्री-बच्चों से सच्चा प्रेम है, उसे भी यही प्रयत्न करना चाहिए कि घर के प्रत्येक सदस्य के जीवन में किसी-न-किसी प्रकार आस्तिकता का प्रवेश हो। परिवार का बच्चा-बच्चा ईश्वर-विश्वासी बने।

अपने परिवार के लोगों के शरीर और मन को विकसित करने के लिए भोजन और उपासना में निष्ठा एवं अभिरुचि बनी रहे। इसके लिए समझाने-बुझाने का तरीका सबसे अच्छा है। गृहपति का अनुकरण भी परिवार के लोग करते हैं। इसलिए स्वयं नित्य-नियमपूर्वक नियत समय पर उपासना करने के कार्यक्रम को ठीक तरह से निभाते रहा जाए। आम तौर से अच्छी बातें पसंद नहीं की जातीं और उन्हें उपहास-उपेक्षा की दृष्टि से देखा जाता है। यही वातावरण अपने घर में भी घुसा हुआ हो सकता है। पर उसे हटाया तो जाना ही चाहिए। देर तक सोना, गंदे रहना, पढ़ने में लापरवाही करना, ज्यादा खर्च

करना, बुरे लोगों की संगति आदि बुराइयाँ घर के किसी सदस्य में हों तो उन्हें छुड़ाने के लिए प्रयत्न करना पड़ता है, क्योंकि यह बातें उसके भविष्य को अंधकारमय बनानेवाली एवं अहितकर सिद्ध हो सकती हैं। उसी प्रकार नास्तिकता और उपासना की उपेक्षा जैसे आध्यात्मिक दुर्गुणों को भी हटाने के लिए घर के लोगों को जरा अधिक सावधानी और सफाई से कहा-सुना जाए, तो भी उसे उचित ही माना जाएगा। अंत:करण पर प्रभाव डालने की शक्ति श्रद्धा और विश्वास में ही सन्निहित रहती है। इसलिए जब तक इन तत्त्वों को नहीं जगाया जाएगा। तब तक उत्कृष्टता की अंत:प्रेरणा कहाँ जाग्रत् होगी और जब तक यह जागरण न होगा, तब तक मनुष्य अधोगामी प्रवृत्तियों से ऊँचा न उठ सकेगा।

मानव जीवन की प्रगति उसके सद्‌गुणों पर निर्भर है। जिनके गुण-कर्म-स्वभाव का निर्माण एवं विकास ठीक प्रकार हुआ है, वे सुसंयत व्यक्तित्व वाले सज्जन अनेकों बाधाओं और कठिनाइयों को पार करते हुए अपनी प्रगति का रास्ता ढूँढ़ ही लेते हैं। विपरीत परिस्थितियों एवं बुरे स्वभाव के व्यक्तियों को भी सुसंस्कृत मनुष्य अपने प्रभाव एवं व्यवहार से बदल सकते हैं और उन्हें अनुकूलता में परिणित कर सकते हैं। इसके विपरीत, जिसके स्वभाव में दोष-दुर्गुण भरे पड़े होंगे, वह अपने दूषित दृष्टिकोण के कारण अच्छी-खासी मनोभूमि को भी दूषित कर देगा। संयोगवश उन्हें अनुकूलता द्वारा सुविधा प्राप्त भी हो तो दुर्गुणों के आगे वह देर तक ठहर न सकेगी। दूषित दृष्टिकोण जहाँ भी होगा, वहाँ नारकीय वातावरण बना रहेगा। अनेकों विपत्तियाँ वहाँ से उपजती रहेंगी। परिवार, समाज एवं राष्ट्र-निर्माण के लिए इनके प्रमुखों, कर्णधारों, धर्मवेत्ताओं को आज कुछ ऐसा ही सुसंस्कारित करनेवाला आत्मनिर्माणी तंत्र विकसित करने की आवश्यकता है।

□

‘एक आँख प्यार की दूसरी सुधार की’

—कुँवर रघुराज प्रताप सिंह (राजा भैया)

तत्कालीन कैबिनेट मंत्री, उत्तर प्रदेश सरकार

परिवार की सुरक्षा एवं प्रगति का ध्यान भी उसी तरह रखना कर्तव्य है, जितना कि शरीर का रखा जाता है। जिन लोगों के बीच निवास निर्वाह होता है, वे सभी कुटुंबी हैं। अपने स्त्री-बच्चों से ही परिवार का सीमा-बंधन नहीं जोड़ना चाहिए, वरन् वे भी परिजन कहलाते हैं, जो एक साथ रहते और परस्पर स्नेह-सहयोग का आदान-प्रदान करते हैं। इसमें विवाहित-अविवाहित होने से कोई अंतर नहीं पड़ता। वंशधरों की तरह व्यवसाय और विचार भी मनुष्यों में घनिष्ठता उत्पन्न करते हैं। एक नाव में बैठनेवाले सभी कुटुंबी बन जाते हैं, क्योंकि उनका डूबना-उतराना साथ-साथ ही होता है। इस दृष्टि से समूची मानव जाति एक पारिवारिकता में गुँथी नजर आती है।

सामान्यतया परिवार संस्था को सद्गुणों की प्रयोगशाला, पाठशाला, फैक्टरी, नर्सरी मानकर चलाया जाए और इसके लिए ‘एक आँख प्यार की दूसरी सुधार की’ रखनेवाली नीति अपनाई जाए तो उसे आत्मीय जनों के उस छोटे समुदाय की सच्ची सेवा कहा जाएगा। इस दिशा में आरंभ से ही ध्यान रखा जा सके तो बहुत ही उत्तम है, किंतु देर से समझ आए तो भी उसे समझदारी ही कहा जाएगा। प्रबुद्ध परिजनों की दृष्टि अपने संबंध परिजनों को सुसंस्कारी बनाने की रहनी चाहिए। संपन्नता की कमी रह जाने पर भी सज्जनता के सहारे काम चल सकता है। किंतु सज्जनता रहित संपन्नता

अंततः दुःखद दुष्परिणाम ही प्रस्तुत करती है। उत्तराधिकारियों के लिए कुबेर जितना वैभव इकट्ठा करने की ललक न उनके हित में है, न अपने हित में। किसी से संपन्नता की प्रतिस्पर्धा नहीं करनी चाहिए। होड़ करनी है तो शालीनता का उन्मुक्त क्षेत्र सभी के लिए खुला पड़ा है। उसी में अपने पराक्रम एवं कौशल का परिचय देना चाहिए।

शरीर में जिस प्रकार अंग-अवयव गुँथे हुए हैं, उसी प्रकार हमारे जीवन के साथ परिवार के सदस्य भी जुड़े हुए हैं। मनुष्य सामाजिक प्राणी है। उसका निर्वाह एकाकी नहीं हो सकता। आवश्यकता एवं समस्याएँ इतनी अधिक हैं कि उनका समाधान मिलजुलकर अपनाई जानेवाली सहकारिता के आधार पर ही निकलता है। मनुष्य की मूल प्रवृत्ति सामाजिक सहकारिता है। उसी ने उसे बुद्धि वैभव प्रदान किया है और साधन संपदा बढ़ाने तथा खर्चने का वह उपाय सुझाया है, जिसे आज की भाषा में पदार्थ विज्ञान, अर्थशास्त्र एवं क्रिया-कौशल कहते हैं। बुद्धिमत्ता के यही क्षेत्र हैं। इनमें अतीत से लेकर अद्यावधि जो भी प्राप्ति हुई है, उसके मूल में सहकारिता की सत्प्रवृत्ति को परोक्ष भूमिका निभाते हुए देखा जा सकता है। समाज का वह भाग, जो निरंतर साथ संबद्ध रहता है, परिवार कहा जाता है। जिन विचारशील अभिभावकों ने अपने बच्चों को आस्तिक एवं सुसंस्कारी बनाया है, सचमुच ही अपना कर्तव्य आदर्श रूप में निभाया है। उनकी जितनी सराहना की जाए, कम ही है।

□

बच्चों के स्वभाव को पहचानो

—डॉ. स्टीफन रूडोल्फ

(अमेरिकी शिक्षाविद् एवं जीवा में शिक्षक)

जैसे एक मछली जो कि पानी के बाहर है पानी के अंदर जाते ही महसूस करती है तो जल में वह जीवन महसूस करती है वैसे ही जब पहली बार मैं भारत में आया मेरे खयाल से मैं बीस साल का था, मैंने तब महसूस किया कि मैं जल में आया हूँ। तब से मुझे काफी अनुभव हो गए, कुछ अच्छे, कुछ अच्छे नहीं, कुछ मुश्किल। आप देख सकते हैं कि मेरे बाल सफेद हैं, जब मैं यहाँ आया तो मेरे पूरे बाल भूरे थे। मैं अध्यापक हूँ और आजकल मैं देख चुका हूँ कि एक क्रांति जैसे आ रही है। आप थ्री इडियट फिल्म देख चुके होंगे और उस फिल्म में आप देख सकते हैं कि वे अभिभावकों का दिमाग बदलकर रखते हैं। बच्चे का दिमाग तो पहले ही बदल गया था और यह एक बहुत बड़ी चुनौती है। ये बच्चे ग्लोबलाइज्ड जेनरेशन के हैं। इसलिए इन बच्चों का चेलेंज भी थोड़ा अलग है। जब आप कॉलेज में थे, कुछ सीमित विकल्प थे नौकरी के लिए, इंजीनियर, डॉक्टर, लॉयर लेकिन आजकल कितने सारे आपशन हैं नौकरी के आप कह नहीं सकते। आजकल एक अलग कहानी है घर-घर की क्या हो रहा है। जब ये बच्चे 9वीं, 10वीं क्लास तक पहुँचते हैं, तो पापा और पूरा परिवार बैठकर बात करते हैं। बेटा क्या बनना चाहते हो और पिताजी कहते हैं कि बेटा आप C.A. बन जाओ जैसा तेरा पापा, फिर ताऊजी आते हैं और कहते हैं कि नहीं-नहीं M.B.A.

कर ले जैसे मैं, फिर दादाजी पूरी स्थिति देख रहे हैं, वे कहते हैं हटो-हटो 'go for safe job civil services' जैसे मैं। बच्चा चुपचाप बैठा है और सोच रहा है कि मैं फैशन डिजाइनर बनूँगा। सो मेरा प्रश्न है कि कौन सही है ताऊ, दादा, पापा या बच्चा, तो जवाब है कि जो बच्चे का नेचर समझते हैं वे ही सही हैं।

जैसे पवन गुप्ताजी कह रहे थे कि आत्म विश्वास तब हममें आता है, जब हम अपने स्वभाव, हमारे नेचर को समझते हैं। अगर बच्चे को नहीं जानते तो उन्हें आत्म विश्वास नहीं मिल सकता। इसलिए मेरा कहना है कि अपने बच्चे का नेचर पहचानें। फिर उसको एजूकेट करें। जैसा कि हर एक बीज का अपना एक गुण है, जैसे आप सेब का बीज लेते हैं, फिर केरल में धरती पर एक छेद बनाते हैं और लगाते हैं क्या होगा सेब का बीज, केरल में नहीं होगा। अगर देशी गोबर लगाते हैं, पानी लगाते, पूजा करते तो क्या होगा, नहीं आएगा, क्यों वह बीज की गलती है क्या? कुछ नहीं, किसकी गलती है वातावरण की, नहीं वातावरण की नहीं किसान की गलती है। आप देख सकते हैं कि श्रीकृष्ण ने अर्जुन से 5000 वर्ष पहले कहा कि अपने स्वभाव से काम करो। अर्जुन का नेचर क्या था, क्षत्रिय था लेकिन उसने कहा कि वह लड़ाई करना नहीं चाहता क्योंकि मेरे गुरु द्रोणाचार्य वहाँ खड़े हैं, दादा भीष्म भी खड़े हैं। उसने कहा कि मैं लड़ाई नहीं करूँगा मैं साधु बन जाऊँगा। हर व्यक्ति का एक खास स्वभाव होता है, रक्षा का स्वभाव, शिक्षक का स्वभाव, प्रशासन का स्वभाव, सृजन का स्वभाव और मनोरंजन का स्वभाव आदि। जब हम हमारे बच्चे की थोड़ी सी जाँच करें तो हम बच्चों के नेचर को पहचान सकते हैं और फिर उसी से उन्हें मार्ग मिलेगा।

□

दर्शन की बैठक पर हर विषय को बढ़ाओ

—पवन गुप्ता
(प्रसिद्ध शिक्षाविद्)

क्या शिक्षा का कोई विकल्प हो सकता है? शिक्षा तो एक ही होती है, शिक्षा का अर्थ है जो कुछ है उसे समझना। हम मनुष्य हैं तो हमारे लिए समझना अनिवार्य है। हम जानवर होते तो हमको शिक्षा की कोई जरूरत नहीं होती। वे तो ठीक-ठाक रहते ही हैं, प्रकृति के साथ तालमेल बिठाकर, गड़बड़ अगर करता है तो मनुष्य करता है। इसलिए उसे शिक्षा की जरूरत है, ताकि उसे समझदार बनाया जा सके। तो जो समझदार बनाने का काम करता है वह शिक्षा है। हमारे पास दो ही विकल्प रहते हैं मनुष्य के तौर पर। हम कोई भी काम करते वक्त या तो मानकर करें या जानकर करें। जानकर मतलब जैसा है उसको वैसा समझकर हमारा व्यवहार हो, हमारा कार्य हो। हमारे पास ये कुदरत ने कुछ विकल्प दिए हैं कि हम बिना जाने भी कुछ कर सकते हैं, बिना समझे भी कुछ कर सकते हैं। कुछ का कुछ भी मानकर हम कर सकते हैं, यानी जो वास्तविकता है उससे अन्यथा मानकर और जो वास्तविकता है उसको समझकर, जानकर भी हम कर सकते हैं। ये दो विकल्प हमारे पास हर पल, हर क्षण हैं। तो शिक्षा वह है जो मानने से जानने की ओर हमें ले जाए, दूसरे शब्दों में कहूँ तो शिक्षा दर्शन है, दर्शन यानी देखना, देखना यानी समझना, देखकर समझना। मेरे मुताबिक मैं आज इस निष्कर्ष पर पहुँचा हूँ कि शिक्षा का अगर बहुत छोटे में कोई कहे कि

इसको परिभाषित करो तो मैं दो ही बातें कहूँगा कि मानने से जानने की ओर ले जाने वाली शिक्षा है। और शिक्षा दर्शन है जैसा है उसको वैसा देख पाना। दर्शन को जबसे हमने एक विषय बना दिया है बहुत बड़ी भूल की, यह जान-बूझकर हुई, अनजाने में हुई इसकी विवेचना में मैं नहीं जाऊँगा, लेकिन दर्शन को एक अलग विषय बनाने में ही सारी भूल हो गई। अपने आप ही यह हो गया कि बाकी विषयों से दर्शन गायब हो जाए जबकि सारे विषय एक माध्यम ही होते हैं।

समझने के लिए ईश्वर ने, प्रकृति ने, कुदरत ने कोई विषय बना कर नहीं भेजे हैं। जो वास्तविकता है, वस्तु है उसे समझने के लिए हम विषय का प्रयोग करते हैं। विषय हमने बनाए हैं तो दर्शन क्योंकि एक वास्तविकता को समझने की एक प्रक्रिया है, उसको भी हमने एक विषय बना दिया। होना यह चाहिए था कि सारे विषय की बैठक दर्शन की होती और उस पर विषय खड़े किए जाते और समझने वाला और समझाने वाला दोनों इस बात को समझ पाते कि ये विषय सिर्फ एक माध्यम हैं। जब जरूरत हो तो इसका इस्तेमाल करो, हर समय नहीं। हम इससे नहीं बँधे, ये हमसे बँधे हैं। आज की स्थिति में है कि विषय हमारे सिर पर है। पुस्तक हमारे सिर पर है मगर मनुष्य गायब है, शिक्षक गायब है। जब हम विकल्प की बात करते हैं तो शिक्षा का कोई विकल्प नहीं होता, शिक्षा तो समझने की चीज है। हम शिक्षा व्यवस्था के विकल्प की बात कर रहे हैं, शिक्षा के विकल्प की बात नहीं कर रहे हैं। यह व्यवस्था जिसके अर्थ में शिक्षा व्यवस्था का इस्तेमाल हम करते हैं। मानव द्वारा बनाई हुई व्यवस्था की बात हम कर रहे हैं, जैसे गवर्नर सिस्टम, एजूकेशन सिस्टम, इस तरह के सभी सिस्टम मनुष्य बनाता ही रहता है। शिक्षा व्यवस्था के विकल्प की अगर बात करें तो मुझे कहीं ऐसा लगता है कि हमने यह मान लिया है कि आज जो शिक्षा व्यवस्था है वह भी एक विकल्प है। विकल्प तो तभी होगा जब दूसरा कुछ होगा। जो चल रहा है इसको कहीं-न-कहीं हमने स्वीकार किया हुआ है। ऐसा मुझे लगता है, अगर मैं गलत हूँ तो मैं क्षमा प्रार्थी हूँ। समय आ गया है जब हम इसे विकल्प

ही न मानें, हम बात करें कि शिक्षा व्यवस्था कैसी हो। आज कुछ है, उसकी विवेचना की जा सकती है। मेरा जो 21 साल का अनुभव है, उसमें मैंने यह पाया कि आज की शिक्षा व्यवस्था सिर्फ हमें बाजारू बनाती है, सिर्फ हमें परावलंबी बनाती है, सिर्फ हमें मार्केट का एक इंस्ट्रूमेंट बनाती है। तो जितना ज्यादा पढ़ लिया उतना ज्यादा परावलंबी, मैं भी उसमें शामिल हूँ। एक तरफ हम इस बात से बहुत चिंतित रहते हैं कि हम बहुत मेटिरेलिस्टक बन गए हैं, दूसरी तरफ पट्टा लिखा करके हम उनको झोंक ही रहे हैं उस तरफ कि आप बाजार के पिछलग्गू बनो, बाजार पर आश्रित हो, किसी के नौकर बनो। प्रत्यक्ष या अप्रत्यक्ष रूप से नौकरी करके, बिना नौकरी किए भी जो लोग रहते हैं वे भी नौकर ही हैं। क्योंकि परावलंबी हैं, उस अर्थ में तो आज की शिक्षा व्यवस्था यही कह रही है कि मैं गाँव में देखता हूँ कि जो लड़का या लड़की आज तक दातून से अच्छा दाँत साफ करता था, पढ़ लिखने के बाद टूथब्रश और टूथपेस्ट पर आता है। इसी तरह के और दस उदाहरण मैं आपको दे सकता हूँ। जो लड़की, (मैं जिस जगह काम कर रहा हूँ जौनपुर) वहाँ पर प्राकृतिक रूप से जन्म देने की बहुत सुंदर पारंपरिक व्यवस्थाएँ हैं, समझ है, पर जो लड़की पढ़ लिख लेती है वह हॉस्पिटल में जा कर सिजेरियन कराना अधिक पसंद करती है क्योंकि वह पढ़-लिख गई है तो अब पढ़ी-लिखी लड़की को ऐसा कराना ही उचित है, यह उसके दिमाग में कहीं से आ गया है। इलाज कराने के लिए स्थानीय जड़ी-बूटियों के ज्ञान का इस्तेमाल न करके डॉक्टर के पास जाना एक वैज्ञानिक प्रक्रिया का हिस्सा हो गया है।

यह देखिए, इसमें कितना मानना है। डॉक्टर जो दवाई लिखकर देता है, प्रायः उसकी कोई समझ हमें नहीं होती, नाम से भी हम परिचित नहीं होते, अगर हैंड राइटिंग पढ़ लें तो हमें पता नहीं उसमें क्या है और उसका क्या असर होगा हमारे शरीर पर। पर हम उसको ऐसा मानते हैं कि मैं एक कोई वैज्ञानिक प्रक्रिया कर रहा हूँ और अगर मेरे पास में मेरी दादी या नानी या कोई वैद्य जो बहुत नामी-गिरामी नहीं है, कोई नुस्खा बताता है तो मैं उसको अंधविश्वास मानता हूँ। अगर यह अंधविश्वास है तो वह भी उतना

ही बड़ा अंधविश्वास है, यह मुझे स्वीकार नहीं होता। मैं अभी किसी की तरफदारी नहीं कर रहा हूँ। मैं यह नहीं कह रहा हूँ कि डॉक्टर के पास जाना गलत है। मैं सिर्फ एक पक्ष आपके सामने रख रहा हूँ कि ये दोनों प्रक्रियाएँ अंधविश्वास पर आधारित हैं। यदि वह शब्द इस्तेमाल करना आप उचित समझते हैं तो या सभ्य भाषा में कहा जाए तो मानने पर आधारित जानकर कुछ नहीं हो सकता। लेकिन एक प्रक्रिया को हम यह मानते हैं कि यह सच पर आधारित है और दूसरी को यह मानते हैं कि यह कोई मान्यता पर आधारित है, जबकि दोनों ही एक ही कोटि की चीजें हैं, एक ही कोटि की प्रक्रियाएँ हैं। पढ़-लिखने के बाद यह होने लगता है। पचासों इस तरह के उदाहरण दे सकता हूँ कि कैसे आज का पढ़ा-लिखा आदमी चाहे वह गाँव के स्कूल में पढ़ा हो या आई.आई.टी. में पढ़ा हो या स्टीफेन में पढ़ा हो या दून स्कूल में पढ़ा हो, कोई फर्क नहीं पड़ता। लेकिन कहीं भ्रम पाल रखा है कि हम जानकर करते हैं, हम पढ़े-लिखे लोग हैं तो सोच-समझकर करते हैं। नहीं हो रहा है। इस देश और दुनिया में जो मानकर हो रहा है, लेकिन भ्रम यह पाले हैं कि हम जानते हैं। इस बात को जरा स्पष्ट करता हूँ। गाँवों में किसी साधारण बुजुर्ग से तुम पूछो अपने बेटे-बेटी की शादी किससे करोगे तो उसका उत्तर आएगा कि अपनी ही जाति वाले से। आप उससे पूछे क्यों, वह सीधा-सीधा बोलेगा कि हमारे दादा, बाप, मैं और हम सभी ऐसा मानते हैं। जो डॉक्टर के पास जाता है उससे पूछकर देखिए वह भ्रम पाले हुए है कि मैं सब जानता हूँ जो हो रहा है। इसकी कैमिस्ट्री मैं समझता हूँ। आप थोड़े दो-चार प्रश्न और करेंगे तो वह मान लेगा कि मैं जानता नहीं हूँ। हम कोई दक्षिणपंथी हो या वामपंथी कोई फर्क नहीं पड़ता, हम ये भ्रम पाले हुए हैं कि हम जानकर कर रहे हैं, हम सोच समझकर कर रहे हैं और यहीं पर तकनीकी और बाजार हर पढ़े-लिखे पर हावी है, हर पढ़ा-लिखा विकास के भूत का शिकार है। मैंने थोड़ी खोजबीन की है, महात्मा गांधी को पढ़ा है। दो, चार, पाँच हजार पन्ने मैं देखने लगा कि क्या उन्होंने कहीं विकास शब्द का प्रयोग किया, कहीं नहीं मिला मुझे। विकास शब्द का प्रयोग महात्मा गांधी ने नहीं

किया है, फिर मैं देखने लगा रवींद्रनाथ को, उन्होंने भी नहीं किया। फिर मैं देखने लगा कुछ विदेशी लेखकों को 1950 से पहले देखिए यह शब्द है ही नहीं, जिस अर्थ में आज यह हर बच्चे-बच्चे की जुबान पर चढ़ गया है और सारी मान्यताएँ हमारी उस हिसाब से बन गई है और हम उसी हिसाब से संचालित होने लगे हैं। हमें पता ही नहीं है कि यह विकास क्या है, इसकी अवधारणाएँ क्या है? क्या इसको परिभाषित किया जा सकता है? कोई नहीं कर सकता, जिस गाँव में सड़क नहीं है, बोलते हैं कि हम पिछड़े हैं, क्योंकि विकास जहाँ बोलेगा वहाँ पिछड़ापन आएगा ही, क्योंकि ये पूरा शब्द विकास की तुलना पर आधारित है। सोच के देखिए जिस चीज की परिभाषा आप नहीं कर सकते, वह तुलना पर आधारित है। कोई नीचा होगा तो कोई ऊँचा होगा, कोई गोरा होगा तो कोई काला होगा, कोई दलित होगा कोई पिछड़ा होगा। जिस गाँव में सड़क नहीं है तो कहते हैं कि हम पिछड़े हैं। ठीक है साहब बिजली आ गई, सड़क आ गई है। अब आप विकसित हो गए? न अभी भी पिछड़े ही हैं। तुलना है न दिल्ली वाले अपनी तुलना विदेश से करते होंगे, लंदन से, न्यूयॉर्क से पता नहीं कहाँ-कहाँ से करते होंगे। वहाँ फिर वे पिछड़े हो जाते हैं, यह भूत है और जो शिक्षा व्यवस्था है, वह इस भूत पर ही चढ़कर खड़ी है।

आज की जो व्यवस्था है, आपको परावलंबी बनाती है, आपको भ्रम देती है कि आप पढ़-लिख गए, समझदार हो गए, पर आप पूरी तरह संचालित होते हैं। आत्मविश्वास के नाम पर अहंकार आता है। अहंकार और आत्मविश्वास बहुत अलग-अलग चीज है। आज हर पढ़ा-लिखा अहंकार का शिकार हो गया है। आठवीं पास लड़का या लड़की भी अपने माँ-बाप को पिछड़ा मानते हैं। हम पढ़े-लिखों से हाथ का काम कैसे होगा। मान्यताओं के शिकार हो गए हैं हम लोग, आत्मविश्वास नदारद है। इस शिक्षा में आत्म विश्वास नहीं। आज जो व्यवस्था है, इसको पहले समझे बिना हम शिक्षा व्यवस्था के विकल्प की बात करें। शिक्षा ने हम सबको एक मंत्र दिया कि अपने आपको हर वक्त जस्टीफाइ करो, जो तुम झूठ बोलते हो तो उसको

जस्टीफाइ करो, तुम गलत करते हो तो उसको जस्टीफाइ करो, नहीं तो फिर तुम्हारा पैंदा निकल जाएगा। यह विकास गलत है। इस विकास का पूरा पैराडाइन गलत है, यह अनसस्टेनेबल है, यह कहीं का नहीं रखने वाला है। इसके कुछ-कुछ लक्षण अभी दिखाई दे रहे हैं। मेरे कुछ मित्र हैं जो बड़ी बैंकों में ऊँचे ओहदे पर हैं। मैंने उनसे अकेले में बात करके पूछा कि भई यह जो चल रहा है अमेरिका में ठीक हो जाएगा। उन्होंने कहा जब तक ठीक है चलाते रहो। हम लोगों को भी नहीं पता कि कैसे ठीक होगा, पर इसको बरकरार रखने में ही हमारी सारी ऊर्जा लगनी चाहिए, क्योंकि यह अगर टूट गया तो पता नहीं क्या होगा। कोई समाधान नहीं है उनके पास, किसी के पास नहीं है। पूरी की पूरी अर्थव्यवस्था 'वर्चुअल इकोनोमी' में चल रही है। दूसरी तरफ उसमें उन्होंने दावा किया कि जो पर्यावरण की बात होती है, जो हमने पहले कहा था कि ग्लेशियर पिघल नहीं रहे हैं, वह ठीक है। हम लोग तो मूर्ख हैं। विशेषज्ञों की दुनिया हो गई। विशेषज्ञ आज के दिन यह बोलें कि कुत्ता-बिल्ली है तो मान लीजिए और कल के दिन बोलें कि नहीं गधा है तो वह भी मान लीजिए, क्योंकि वे विशेषज्ञ हैं, कुछ भी कह सकते हैं। अपनी आँख से हम नहीं देखेंगे। तापमान बढ़ रहा है, वह दिखाई दे रहा है। हमारा शरीर बताता है कि तापमान बढ़ रहा है हर जगह का। गरमी बढ़ रही है, बारिश कम हो रही है। पर विशेषज्ञ कुछ कह रहे हैं तो उनको मानना पड़ता है। यह बड़ा संकट है, इसका कोई समाधान किसी के पास नहीं है। तीसरा बड़ा संकट है हथियार को हथियार से रोकने वाला युद्ध और आतंकवाद। आतंकी कुछ हथियार लाता है तो सरकारें उससे बड़ा हथियार लेने की कोशिश करती हैं ताकि ज्यादा तकनीकी से काउंटर कर सके। वह आपसे ज्यादा चालाक है, वह कुछ और लाता है फिर आप कुछ और लाते हैं। हथियार बढ़ते जाते हैं, इसमें सबसे ज्यादा फायदा किसका होता है यह आप सब जानते हैं, हथियार बनाने वाली कंपनियों को, दो बंदरों की लड़ाई में बिल्ली का फायदा। दिल्ली में जाकर देखिए हर बस्ती, पैसे वालों की बस्तियाँ गेटेड कलोनियाँ हो गई है। गेट लग गया है, वहाँ चौकीदार रहता है,

डर लगता है। इसका भी समाधान किसी के पास नहीं है। ये फिजूलखर्ची बढ़ेगी तो दुनिया में ये तीन समस्याएँ मुँह बाए खड़ी हैं, इसका किसी के पास कोई जवाब नहीं है। आतंकवाद युद्ध की समस्या, अर्थव्यवस्था की समस्या और पूरी प्रकृति की समस्या। कोई विकल्प नहीं है।

विकास को मानेंगे ऐसा होगा ही, कहीं थोड़ा धीरे, कहीं थोड़ा ज्यादा यह बात जब तक हमारे गले नहीं उतरेगी, भले ही हम इसके शिकार हों, क्योंकि इसने अपने शिकंजे में बाँधे रखा है। जहाँ भी पैसे का आदान-प्रदान हम करते हैं, उसके चंगुल में हम फँसते ही हैं। इसका मतलब यह नहीं कि इसका विकल्प आप मुझसे पूछें, मेरे पास नहीं है, मैं पीड़ित हूँ, मैं समस्या सामने रख रहा हूँ। पर इसको स्वीकार तो करना चाहिए। मैं अगर रोज एक पेन किलर खाता हूँ और अपना दर्द कम करता हूँ और कोई डॉक्टर बोले तुम गलत कर रहे हो अपने साथ, मुझसे पेन किलर नहीं छूट रहा है। लेकिन क्या मैं उस बात को भी नजर अंदाज कर दूँ कि मैं अपने शरीर को खत्म कर रहा हूँ। स्वीकार करूँगा तो शायद रास्ते तो सूझेंगे मुझे, स्वीकार ही नहीं करूँगा तो रास्ते कहाँ से सूझेंगे मुझे? अभी तक यह बात मैंने वैकल्पिक व्यवस्था की नहीं की है। मैंने इसकी समीक्षा करना इसलिए जरूरी समझा कि अपनी बात की भूमिका बनाऊँ, यूनीफॉरमिटी (सब जगह एक सा हो) यह प्रकृति अनुकूल नहीं है। दो पेड़ एक जैसे नहीं होते, दो कुत्ते एक जैसे नहीं होते, कोई भी चीज दुनिया में एक जैसी नहीं होती। मूल रूप में होती है जैसे मनुष्य मूल रूप में एक जैसा है, सबको सुख की चाहना है, सबको सम्मान अच्छा लगता है। लेकिन बहुत सारे दूसरे अवयव हैं जिसमें हम भिन्न होते हैं। दो भाई हों, दो बहनें हों, एक ही परिवार के पले बढ़े लोग एक-दूसरे से भिन्न होते हैं। बात समझ लेनी चाहिए कि एक व्यवस्था जैसी चीज सब पर लागू करना हिंसा है। भारतवर्ष में, खासकर जो इतना विविधता भरा देश रहा है और आज भी इतने सब प्रयासों के बावजूद कंपनी बहादुर से लेकर उसके पहले और उसके बाद जो कुछ भी हुआ हमको एक जैसा करने का प्रयास सफल नहीं हुए। लेकिन प्रयास चल रहा है। 1870 या 80 के आस-पास

ग्लैडस्टोन इंग्लैंड के प्रधानमंत्री थे। ग्लैडस्टोन मैक्समूलर से पूछते हैं भई तुम भारत वर्ष में क्या कर रहे हो? तो वह एक चिट्ठी लिखता है कि जो लोग 2000 वर्ष पहले ईसा से विमुख हो गए थे उनको वापस ईसा से मिलाने की चेष्टा कर रहा हूँ। जिसने हिंदुस्तान के बहुत गुणगान गाए वही मैक्समूलर। सब चीजें हमको मालूम होनी चाहिए, क्योंकि हम इन्हीं सब गमों से ग्रसित रहे हैं। सारी दुनिया को एक जैसा बनाया जाए और नारा भी दिया जाता है कि भई तुम भी वैसा ही करो न, जैसा वे कर रहे हैं। मेरी बात कुछ कड़वी भी लग सकती है, लेकिन आज का जो जनतंत्र का ढाँचा है वह तो यही बोलता है सबको यह भ्रम है? क्या यह कभी संभव है?

रवींद्र शर्मा ने हैदराबाद में बहुत बड़ा काम किया है, उन्होंने वहाँ की जाति व्यवस्था को समझने का प्रयास किया है। उनके यहाँ ताँबे का काम होता है। आदिवासी क्षेत्र है एक जाति के लोग ताँबे का काम करते हैं। घंटा बनाते हैं शिवालय का, देवी के मंदिर का, गिरजाघर का घंटा, घुँघरू बनाते हैं। एक आदमी नृत्य करे तो कैसा घुँघरू होगा, ग्रुप में नृत्य करे तो कैसा? आप उनसे जाकर कहें कि 2 मिनट तक उसकी गूँज चाहिए तो आपको ऐसा ही घंटा देंगे मगर आप कहेंगे मुझे 3 मिनट की गूँज चाहिए तो वह आपको वैसा ही घंटा देंगे। इतनी उनकी महारथ है। उस जाति के लोग अपने बच्चों को स्कूल नहीं भेजते, क्योंकि अगर स्कूल जाएगा तो उसकी पीठ खराब हो जाएगी फिर वह काम नहीं कर पाएगा। स्कूल वाले पीठ खराब कर देते हैं। हम लोग उनकी बात सुनेंगे या नहीं या मानेंगे कि वे जाहिल हैं, गँवार हैं, वे कुछ समझते नहीं, हम समझदार हैं। स्कूल में लेकर आओ उनको जबरदस्ती, यह एक हिंसा है। एक जैसा करने की कोशिश होती रहेगी, क्योंकि कोशिश हो रही है परतंत्र बनाने की, निकम्मा बनाने की, सबको एक ढर्रे में ढालने की, जहाँ कुछ लोग उस व्यवस्था को चलाएँ और बाकी लोग उसके शिकार हों। जो ताँबे बनानेवाली जाति है और इस तरह की सैकड़ों, हजारों जातियाँ इस देश में हैं वे अपना काम-काज चला रहे हैं। आपको उनसे उनको विमुख करना है और उसको इसी व्यवस्था का हिस्सा बना करके नौकरी

करवानी है उनसे। पुरानी गाथा है। कुछ बदला नहीं है। यह हम भ्रम पाले हुए हैं कि अंग्रेज यहाँ से चले गए हैं और अब हम स्वतंत्र हैं। हम चेष्टा करते हैं कि बच्चे को आत्म विश्वास आए, वह माने नहीं जाने, वह अर्थ और शब्द का भेद समझे। हम अभी सारी शिक्षा शब्द की दे रहे हैं। Cat बच्चा स्कूल में पढ़ता है। C नहीं जानता तो पहले उसके अंदर यह धारणा जाती है कि मैं मूर्ख हूँ, मैं C नहीं जानता, फिर A भी नहीं जानता, फिर आखिर में गुरुजी बोलते हैं Cat माने बिल्ली, अच्छा बिल्ली, मैं जानता हूँ। बिल्ली, अरे वाह, बहुत बढ़िया विश्वास आया मैं जानता हूँ। इस बिल्ली को एक भाषा में Cat बोलते हैं। संचार का माध्यम है, जैसे तुम्हारी भोजपुरी है, मैथिली है, अवधी है। उससे भी संचार होता है, इससे भी संचार होता है। हमने मान लिया यह अंग्रेजी ऊँची चीज है। हमारा प्रयास है चाहे वह गणित हो, इतिहास हो, भूगोल हो या हिंदी हो चाहे अंग्रेजी हो, हम अर्थ से शब्द की ओर जाएँ, शब्द से अर्थ की ओर नहीं। विकास में एक मान्यता है कि हम पिछड़े हैं यह विकास कुछ होता है। एक भूत जैसा यह विकास एक शब्द है और शब्द के साथ मान्यताएँ चिपक जाती हैं और हमको पता भी नहीं चलता कि मान्यता चिपकी हुई हैं। शब्दजीवी न बन जाएँ, अर्थ को समझिए। यह हमने गणित में भी किया है। हमने इतिहास, भूगोल में भी किया है और यह बहुत आसान है। वस्तु को केंद्र में रखकर पढ़ाएँ। वस्तु केंद्र में रहती है तो विषय सहायक होते हैं, उसको समझने के लिए अपने आप जो-जो विषय की जरूरत है आ जाते हैं। अलग-अलग करके पढ़ाना कभी-कभी तो जरूरी हो सकता है, पर हर समय अलग-अलग करके पढ़ाना बहुत हानिकारक है। वह व्यावहारिक ज्ञान बन ही नहीं पाता, यह पुस्तकीय ज्ञान ही बनकर रह जाता है। हम यह कर रहे हैं और हमारा पढ़ाने का माध्यम जैसे किताब एक माध्यम है तो किताब की जगह स्थानीयता को प्रमुखता दें। और यह हर जगह हो सकता है। हरिद्वार में भी हो सकता है। मैं जहाँ बैठा हूँ, वहाँ भी हो सकता है। दिल्ली में भी हो सकता है, चेन्नई में भी हो सकता है। स्थानीय जो है उसको समझता है बच्चा, उसके प्रति

एक गौरव का भाव पैदा होता है।

हमारे गाँव की महिला बोलती है, आप पढ़ा-लिखा करके गाँव वाले को शहर के लिए फिट करते हो। शहर वाले को विदेश के लिए फिट करते हो और भला करने आए हो गाँव का लेकिन गाँव को तो उजाड़ रहे हो आप। हमें समझना चाहिए कि स्थानीयता को यदि हम महत्त्व नहीं देंगे कम-से-कम आठवीं तक, कम-से-कम 14-15 साल तक बच्चे को स्थानीय परिवेश, भौगोलिक परिवेश और सांस्कृतिक परिवेश में। इससे बच्चे का दिमाग खुलता है। उसमें आत्म विश्वास आता है। मैंने एक प्रयोग आठवीं के विद्यार्थियों को जगह-जगह के हम उनको एक लेख लिखने को बोलते हैं गाय पर। आप विश्वास करो कि 10 में से 9 लोग एक ही बात लिखते हैं, चार पाँव होते हैं, घास खाती है, दूध देती है, एक मुँह होता है, माँ कहते हैं। और वे लोग जिनके घरों में गाय होती है वे लोग ऐसा लिखते हैं। सोचना पड़ेगा हमको हम क्या कर रहे हैं। हम बोले कि अमुक पाँच वाक्य नहीं लिखने हैं, बाकी जो चाहे लिखो। तो पहली बार बच्चा सोचने लगता है जो महसूस करता है वह सोचना शुरू करता है। अपनी फीलिंग्स के प्रति जागरूक होता है, जो उसने वास्तविकता में सोचा है उसके प्रति जागरूक होता है। कल्पनाशीलता बढ़ती है। स्कूल कल्पनाशीलता को खत्म कर रहे हैं। दूसरा प्रयास किया है। जितनी कैटेगिरी है, जितने वर्गीकरण है जैसे हिस्ट्री-ज्योग्रेफी वर्गीकरण है, जो हमने बनाए हैं। बच्चे को लाकर पूछा जा सकता है कि भई ये इतने सारे लोग बैठे हैं इनका वर्गीकरण करो। तो एक बच्चा करेगा पुरुष और महिलाओं का वर्गीकरण, एक बच्चा करेगा बड़ी और छोटी उम्र के लोगों का वर्गीकरण, तीसरा कुछ और कर सकता है जो देशी कपड़े पहने हो और विदेशी कपड़े पहने हो। सभी वर्गीकरण ठीक है। पहली बार उसको समझ में आता है कि अर्थ की कोई भाषा नहीं होती। फ्रीडम सब लोग फ्रीडम की बात करते हैं पर फ्रीडम से जो आभास जाता है, जैसा मन में आए वैसा करो। मेरी जैसी मरजी, तो मन मरजी और स्वतंत्रता में क्या फर्क है? स्वतंत्रता मन मरजी नहीं है। आपको सम्मान मिलता है, आप सुखी होते हैं। आपको दुत्कार

करके कोई दो रोटी दे तो आप नहीं खाएँगे। क्योंकि आपको सम्मान चाहिए, सम्मान बड़ी चीज है, उसका सुख से संबंध है। दो ही बातें मैं कहना चाहता हूँ कि विकल्प के तौर पर एक यूनिफॉरमिटी को चैलेंज किया जाए, यूनिफॉरमिटी हमको स्वीकार नहीं है। हर बच्चे के पास यह छूट हो।

भारत में 'A beautiful tree' यानी 'एक सुंदर वृक्ष' पुस्तक मेरे एक गुरु धर्मपाल ने लिखी है। अंग्रेजों के आरकाइज्व में जा कर, अभिलेखागारों में जाकर उन्होंने बहुत महत्त्वपूर्ण खोज की है कि हिंदुस्तान की शिक्षा व्यत्रस्था अंग्रेजों के आने से पहले कैसी थी। तो आपको जानकर आश्चर्य होगा, अंग्रेज ही लिख रहे हैं। अंग्रेजों ने जो लिखा शुरू-शुरू के दिनों में उसी को इन्होंने प्रस्तुत किया है। शायद ही भारत वर्ष में कोई गाँव रहा हो जहाँ की पढ़ाई-लिखाई नहीं होती थी और उन स्कूलों में शूद्रों की संख्या ब्राह्मणों की संख्या से कहीं अधिक थी। इसलिए कि इस देश में ब्राह्मण कितने हैं, केवल 6-7 प्रतिशत, शूद्र 60-70 प्रतिशत है तो होना ही था वैसा। मतलब इसमें कोई ऐसा नहीं था कि केवल ब्राह्मण ही आएगा। यह देखकर बड़ा अचंभा होता है कि मैंने 10-15 साल पहले यह किताब पढ़ी, मेरे तो होश उड़ गए कि हम लोगों को क्या पढ़ाया गया है। हम लोग क्या मानकर चलते हैं और उन स्कूलों में क्या पढ़ाई होती थी। हर स्कूल स्वतंत्र था कोई व्यवस्था के अंदर नहीं चलता था। वहाँ गाँव मुहल्ले के लोग स्कूल को चलाते थे पोषित करते थे। अंग्रेजों के आने के बाद जो भयंकर गरीबी आई तो लोग चलने के लायक नहीं रहे। मैं सिर्फ इतना कहता हूँ कि ऐसी व्यवस्था आज से 200-150 साल पहले तक इस देश में थी जहाँ हर गाँव का अपना स्कूल था और उस गाँव के गुरुजी ही करते थे और वहाँ गणित की पढ़ाई होती थी, वहाँ खगोल की पढ़ाई होती थी, वहाँ व्याकरण की पढ़ाई होती है। वे तीन चीजें तो अनिवार्य थी, बाकी हर स्थान पर बदलता रहता था। यह डोक्यूमेंट है, आप देख सकते हैं, इसको देखना चाहिए तो इसको वे ही लोग करते थे, जिसको आज हम बेवकूफ समझते हैं। कक्षा के भूत से भी हमको निकलना होगा। सामान्य 14 साल के बच्चे को तो सबकुछ आ जाना चाहिए उसके

बाद जिसमें प्रतिभा हो, जिसको रुचि हो उसको आगे जाने दो, बाकी अपने काम में लगे। मैं यह मुद्दे आपके सामने रख रहा हूँ। एक तो विविधता की बात जिसको मैं पूरी तरह से समर्थन देता हूँ और दूसरा मैं यह कहता हूँ कि दर्शन को हर विषय की बैठक बनाया जाए।

□

राष्ट्र के नाम उपरेखाल का संदेश

—श्री सच्चिदानंद भारती

(पर्यावरण विशेषज्ञ)

परि+आवरण अर्थात् हम जहाँ हैं, जैसे हैं और हमारे चारों ओर जो भी हो वह सब हमारा पर्यावरण है। इसलिए पर्यावरण को संपूर्णता में भी देखा जाता है। परंतु पर्यावरण का सरल अर्थ प्रकृति की महान् देनों से है, भगवान् की उन महान् देनों से जिनसे यह धरती प्राणवान है। इस धरती में जीवन है, यह सजी हुई है, जिसमें हमारी भूमि, नदियाँ, जंगल, जीव-जंतु, हवा-पानी, फल-फूल, भोजन, पहाड़, झील, फूलों की घाटियाँ, झरने, तीर्थ, औषधियाँ, हिमालय और स्वाभिमान—ये सभी पर्यावरण है। हमारे देश की परंपरा रही है कि प्रातःकाल इस महामंत्र से होता है—

समुद्रवसने देवि पर्वतस्तनमंडले।
विष्णुपत्नि नमस्तुभ्यं पादस्पर्शं क्षमस्व मे॥

पूरी दुनिया में पर्यावरण का इससे बड़ा मंत्र शायद ही कोई हो। पूरा भारत ही देवभूमि है, लेकिन फिर भी उत्तराखंड को देश के लोगों ने बड़ा सम्मान दिया। इसलिए दिया क्योंकि यहाँ पर दो बड़ी शक्तियाँ थीं, एक माँ देवनदी गंगाजी का उद्गम है और दूसरा संजीवनी औषधि केवल उत्तराखंड में थी, जिसका वर्णन त्रेता में मिलता है। देवनदी का उद्गम होना बड़ी बात रही होगी। अकेले गंगा माता 2500 किमी दूर बहती है, इस देश के 300 छोटे-बड़े शहरों, हजारों गाँवों और करोड़ों लोगों का अन्न-जल जुटाती हैं।

कहने का मतलब है कि अकेले माँ गंगाजी से ही हमारे देश की आधी आबादी पालती है। हिमालय इतना भव्य, दिव्य, सजीव, प्रेरणा का स्रोत, साक्षात् भगवान् का रूप है। भगवान् कृष्ण ने कहा कि पर्वतों में मैं हिमालय हूँ, नारायण को अपने को हिमालय का पर्यायवाची कहने में गौरव हुआ। आज हमने जो विकास का मार्ग चुना, पश्चिम की जो नकल की उसने महाविनाश की ओर धकेल दिया है। ग्लोबल वॉर्मिंग एक बड़ा शब्द है, धरती का गरम होना। हमारी धरती पर जीवन जीने लायक वर्षों से एक वातावरण रहा है और वह तापमान गड़बड़ा गया और जो पहले से ही गरम देश था, जैसे भारत है, वह ज्यादा प्रभावित हुआ। तापमान बढ़ाने में हमारा योगदान ज्यादा नहीं था, आज भी नहीं है। बढ़ाने में योगदान अमेरिका, यूरोप का है, लेकिन उसका दुष्परिणाम भारत को भोगना पड़ेगा। वैज्ञानिकों के अनुसार औद्योगिक क्रांति से पहले विश्व में ग्रीन हाउस गैसों की मात्रा 280 B.B.M. थी, यह एक मानक होता है हवा को मापने का। यहाँ 2005 में 375 B.B.M. हो गई। इससे तापमान में 1-2 डिग्री सेल्सियस की वृद्धि हुई और अभी जो कोपेनहेगेन में सम्मेलन हुआ, उसमें एक पैनल द्वारा स्पष्ट रूप से इस उष्मीकरण के कारण आने वाले खतरों को परिभाषित किया गया है। भारत दुनिया के उन मुल्कों में से है जहाँ पर ग्लोबल वॉर्मिंग का सबसे बुरा प्रभाव पड़ेगा। उत्तराखंड के हिमालय में 17000 फीट से ऊपर हमेशा बर्फ रहती थी, उसको हिमरेखा कहते हैं। यह 19000-21000 के बीच चली गई है। यह पिछले तीस सालों में हुआ है और उत्तराखंड हिमालय के 950 ग्लेशियर तुरंत ही गलने की स्थिति में आ गए जो अनेक छोटी-छोटी सरिताओं को जन्म देते हैं। उन सरिताओं के सूखने का अर्थ होता है गंगा, यमुना के पानी का सिकुड़ना। क्योंकि गंगा भगीरथी तो गोमुख से निकलती है, लेकिन गंगा सारी नदियों को जोड़ती चली जाती है अपने देश में। हर ग्लेशियर किसी न किसी छोटी नदी को जन्म देता है। सन् 1980 से पहले हनुमान चट्टी से आगे एक ग्लेशियर था रणाँग ग्लेशियर और उस ग्लेशियर को काटकर फिर सड़क होती थी और लोग बद्रीनाथ जाते थे। मई-जून के महीने

तक यह ग्लेशियर 21-30 फीट तक ऊँचा होता था, बस के दोनों ओर रहता था, नदी इसमें ढकी रहती थी। अलकनंदा जो बद्री नारायण से आती थी, वह इससे ढकी रहती थी। अब रणाँग ग्लेशियर नहीं है। अब इस ग्लेशियर का बोर्ड मिलता है। मैंने इसलिए कहा कि बहुत लोगों को लगता होगा कि ग्लेशियर कैसे गल जाएँगे, लेकिन ग्लेशियर तेजी से गल रहे हैं। एक बड़ा और उदाहरण है। माँ गंगा का जो मूल स्थान या गंगोत्री था। गंगोत्री में एक जगह है भगीरथ शिला उसको बोलते हैं, क्योंकि महाराज भगीरथ ने वहाँ पर तपस्या की थी। तब वहाँ भगवान् ने उनको गंगाजी दी। आज इसका अर्थ हुआ कि गोमुख ग्लेशियर गंगोत्री में था जो आज गंगोत्री से 14 किमी पीछे चला गया। हमारे यहाँ सबसे ज्यादा अध्ययन गोमुख ग्लेशियर पर ही हुआ है और कहते हैं कि हर साल 16-22 फीट तक घट रहा है और केवल लंबाई में ही नहीं घट रहा है बल्कि मोटाई में भी सिकुड़ रहा है। वैसे भी ग्लेशियर का जीवन इस बात पर निर्भर होता है कि वह हर साल कितना गलता है और हर साल कितना बनता है। यानी जितनी बर्फ पड़ेगी उससे ज्यादा बर्फ गलेगी तो ग्लेशियर खत्म हो जाएगा।

उत्तराखंड में एक प्रसिद्ध जगह है। भगवान् नरसिंह का यहाँ पर बड़ा भव्य मंदिर है। जोशीमठ से सीधी चढ़ाई चढ़ने पर 4 किलोमीटर पर एक सुंदर बुग्याल है, उसका नाम है ओली गुसू, यह ओली बुग्याल शीतकालीन खेलों के लिए चुना गया। गुलमर्ग, कश्मीर में जो खेल होते हैं वैसे ही लोग यहाँ पर आते हैं और वहाँ के लोगों की और सरकार की कमाई होती है। जब योजना बनी तो तुरंत ही वहाँ पर बड़े-बड़े होटल बनने शुरू हो गए। कल्पना नहीं कर सकते कि 13000 फीट की ऊँचाई पर इतने बड़े-बड़े सीमेंट के महलनुमा होटल तैयार हो गए। आज वहाँ होटल है, लेकिन वहाँ हिम नहीं है, हिम वहाँ से आगे खिसक गया। ये सब बातें खतरे की प्रतीक हैं। अगर हम चेते नहीं तो आने वाले कुंभ में कौन जाने हम गंगाजी के सान्निध्य में होंगे या रेत और बजरी के सान्निध्य में होंगे। सोचिए इस बात पर कि हम क्या निर्णय लें और अपनी आने वाली पीढ़ियों को, इस देश को कैसी स्थिति

देना चाहेंगे। आज सभी अनुभवी लोगों का, वैज्ञानिकों का कहना है कि अगर यही स्थिति रही, इसमें बदलाव नहीं आएगा तो आने वाले 30–35 वर्षों में गोमुख ग्लेशियर समाप्त हो जाएगा। आप सब सोचिए कि अगर गंगाजी समाप्त होती है तो क्या भारत की अस्मिता बचती है। इस देश की अर्थव्यवस्था ही नहीं, इस देश की संस्कृति ही नहीं, इस देश की अस्मिता गंगाजी की अस्मिता है। गंगाजी के सूखने का अर्थ है हमारी अस्मिता का नष्ट हो जाना। छिन्न–भिन्न हो जाना। जलवायु परिवर्तन अनेक विनाशकारी परिणाम लाने में सक्षम हैं और विश्व का मानचित्र ही बदल जाएगा। मैं यहाँ पर एक उदाहरण दे रहा हूँ। जिस क्षेत्र में हम रहते हैं, उस जगह का नाम दूधतोली है। दूधतोली एक तालाब के नाम पर पड़ा जिसका नाम था दुग्ध ताल, यह दुग्ध ताल 10000 फीट की ऊँचाई पर था और इस ताल से एक छोटी सी नदी निकली थी। हमारे पहाड़ों से, तालाबों से, छोटी–छोटी नदियाँ निकलती हैं, जैसे नैनीताल से गौला नदी निकलती है। दुग्ध ताल से जो नदी निकलती थी, पिंडर नदी थी। पिंडर एक बड़ी नदी थी जो पिंडारी ग्लेशियर से निकलती है। पिंडर नदी ही मकर वाहिनी है और आटागार्ड इसका नाम है। बद्रीनारायण में पंच बद्री में पहला बद्री जिसको आदिबद्री कहते हैं, वह इसके किनारे है। लेकिन वह दुग्ध ताल पिछले साल सूख गया।

एक तालाब ही नहीं कई स्रोत भी सूख गए हैं। इस वक्त हमारे उत्तराखंड के 70 प्रतिशत जल स्रोत हैं, जिनमें हमेशा पानी रहता था, जिसके कारण गाँव बसे थे। जो भी गाँव बसे थे वह अपने पानी की व्यवस्था करता था। पिछले दो सालों से वैसी वर्षा हुई ही नहीं जो पहाड़ों में होती थी और पिछली बरसात और इस समय का शीतकाल बिना बारिश और बर्फ का गया। समाचार माध्यमों में छोटी–छोटी खबरें, बड़े–बड़े तरीकों से आती हैं। पूरा देश सोचता होगा कि उत्तराखंड में तो बहुत बारिश हो गई है और नदियों में अब खूब पानी होगा, लेकिन ऐसा नहीं है। मैं उत्तराखंड के गाँव में ही रहता हूँ इसलिए जो वहाँ की सच्चाई है मैं आप लोगों के पास रख रहा हूँ। हमारे देश में 1993 की राष्ट्रीय जल नीति के अनुसार देश में कुल 4000

बिलियन क्यूबिक मीटर पानी आता है। बरखा का पानी भी वैज्ञानिकों ने जोड़ा होगा क्योंकि, मानसून में ही हमारे देश में आता है और 80-85 प्रतिशत पानी बह जाता है। 1896 बिलियन क्यूबिक पानी नदियों और भूजल के रूप में शेष रह जाता है। भारत में दुनिया के पानी का 4 प्रतिशत जल है यानी भारत का संपूर्ण जल संसाधन 690 घन किलोमीटर सतह पर और 396 किलोमीटर भूजल है। लेकिन भारत की आवश्यकता देखिए। संयुक्त राष्ट्र संघ ने कहा कि 2050 में भारत की आबादी 138 से 158 करोड़ की बीच होगी। इतने लोगों के लिए जो पानी की जरूरत पड़ेगी, वह 1180 घन किलोमीटर पानी की पड़ेगी और हमारे देश में इतना पानी रहता नहीं। बरसात का अधिकतर पानी तो बह जाता है। आज भी पानी की लड़ाई देश में बहुत है। हर राज्य, गाँवों, कस्बों में कुछ-न-कुछ समस्या है। शायद ही कोई गाँव है जहाँ समस्या न हो। कुछ राज्यों में तो कोर्ट तक पहुँची है पानी की लड़ाई। लेकिन 2050 में स्थिति कितनी भयानक हो जाएगी इसकी कल्पना करें।

वैज्ञानिकों ने कहा कि ग्लोबल वॉर्मिंग की वजह से हमारे देश में पानी का संकट होगा, क्योंकि ग्लेशियर खत्म हो जाएँगे, नदियाँ सूख जाएँगी। धरती की गरमी के लिए Co_2 का 50 प्रतिशत, मीथेन का 18 प्रतिशत, C.F.C. का 14 प्रतिशत, नाइट्राइड ऑक्साइड का 6 प्रतिशत योगदान है। एल्यूमीनियम उद्योग से जो गैस निकलती है, टेट्राफ्लोरोमीथेन C.F.M. 14 और C.F.C. 16 यानी कि टेट्राफ्लोरोमीथेन से धरती में जो गरमी आती है, कार्बन डाईऑक्साइड की अपेक्षा 800 गुना ज्यादा होती है। लेकिन भारतीय समाज, हमारे देश की संस्कृति, परंपराएँ अपने पर्यावरण के प्रति, जंगलों के प्रति, पानी के प्रति, भूमि के प्रति ऐसे उदासीन रहे हों जैसा आज दिख रहा है, ऐसा नहीं है। हमारे यहाँ बड़ी भव्य पूजा है, कलश पूजन की, कलश पूजन में हम कल्पना करते हैं गोदावरी, सरस्वती, नर्मदा, सिंधु, कावेरी जैसी देश की ऐसी महान् नदियों को प्रणाम करते हुए बुलाया जाता है। प्रणाम करके आह्वान किया जाता है कि आप मेरे घर के इस पानी में भी आदरपूर्वक बैठें। कलश की इन नदियों में एक नदी सरस्वती है जो अब नहीं है। सभी

लोग जानते हैं कि प्रयागराज में तीन नदियाँ मिलती थीं—गंगा, यमुना, सरस्वती। सब कहते हैं कि सरस्वती तो गुप्त है, माने सूख गई। किन कारणों से सूखी होगी, इस पर मैं कुछ नहीं कहता हूँ, क्योंकि पता नहीं उस समय क्या परिस्थितियाँ रही होगी। लेकिन सच है कि सरस्वती नहीं रही। अब अगर देश की बड़ी नदियाँ जिनका हम नित्य स्मरण करते हैं इनमें से यदि एक नदी भी जाती है और सूखती है तो पूरे देश की अर्थव्यवस्था छिन्न-भिन्न हो जाएगी। इसलिए आज का यह विषय बड़ा उपयोगी है। एक दौर आता है जब लोग अपनी परंपराओं को भूल जाते हैं। इसको स्मरण करने का दिन है। यहाँ जब लोग बसते थे तो उसके नजदीक कोई तालब होता था या कुंड होता था। पहाड़ों में चाल और खाल होती थी और वहीं पर कुछ पानी चढ़ाने वाले कुछ पूजनीय वृक्ष होते थे। मैसूर में 40000 तालाबों का वर्णन मिलता है। आज तो रेलगाड़ी से पानी जाता है, न वहाँ, अपने पहाड़ों में लोग मिलकर खाल बनाते थे। चाल-खाल कहीं बनाने की प्रथा थी और ये खाल जैसे नौ गाँव खाल, आस-पास के नौ गाँवों ने मिलकर बनाया गया। खाल का मतलब है कि बरखा के पानी को रोकने के लिए बनाया गया छोटा सा तालाब। इस बरखा को सँभालने वाला हमारा समाज था, उसको बिखेरने वाला समाज नहीं था। नौ गाँवों ने मिलकर एक खाल बनाई, जहाँ पर गरमी के दिनों में उनके पशु पानी पिएं। पहाड़ों पर बनाई जाती थी ताकि गरमी के दिनों में पानी की कमी न पड़े और उस चोटी पर पानी के स्रोत बने रहें। एक व्यक्ति ने खाल बनाई तो उसके नाम पर भी खाल हो जाती थी, जैसे हरसिंह खाल और प्रथा नौला बनाने में थी जैसे टंब नौला, जोशी नौला, बंगारी नौला। अकेले अल्मोड़ा शहर में 600 नौला थे। आज 14-15 रह गए हैं। आज तो बड़े-बड़े मकान हैं, वहाँ कुंड बनाने की प्रथा थी। देवताओं के भी कुंड होते थे और लोगों में भी, अपने सिक्ख धर्मगुरु गुरु गोविंद सिंह ने जिस स्थान पर तपस्या की उसका नाम है हेमकुंड, माँ भगवती नंदा का जहाँ निवास है, माँ नंदा ने जिसमें स्नान किया उसका नाम है, रूपकुंड। गौरी कुंड, पांडव कुंड देवताओं के नाम पर बनाए जाते थे। ये प्रथा केवल उत्तराखंड में ही नहीं पूरे

देश में थी। राजस्थान में तो बड़ी भव्य थी, क्योंकि राजस्थान के लोग कहते थे कि जब भगवान् के दिए एक-एक बूँद पानी को जमा करेंगे तभी पानी मिलेगा। जैसलमेर हमारे देश का सबसे सूखा शहर है, क्योंकि मानसून के बादल वहाँ जाते-जाते बिलकुल थक जाते हैं, तो कभी-कभी मानसून के दिनों में यहाँ एक दिन में होती थी, लेकिन आपने सुना नहीं होगा कभी कि जैसलमेर में पानी का संकट आया। दिल्ली इतना बड़ा शहर है, जहाँ कई बार पानी का संकट आ जाता है। उसका कारण क्या था कि जैसलमेर शहर जिन तीन बड़े तालाबों के बीच बसा है उसमें सबसे बड़े तालाब को बनाने में वहाँ की एक बूढ़ी महिला ने अपना योगदान दिया। ये सारी प्रथाएँ हमको मजबूती से पानीदार समाज या पानी देने वाला समाज बनाता था। हम कैसे पानी देने वाले समाज से पानी बेचने वाले समाज में बदल गए? यह कहानी है पर्यावरण की, यह चिंता है पर्यावरण की, यह चिंता है भारतीय संस्कृति के लिए सोचने वालों की, आने वाले समाज के लिए सोचने वाले लोगों की। दुनिया में यहाँ पर कई ऐसे पेड़ थे, वन थे जो पानी के साथ लगाए जाते थे और पानी देते थे। पीपल, बरगद, आम आँवला, बेलपत्र, बुरांस, देवदार, काफल, रीठा और ऊपर होता था भोज। ये दुर्लभ और पूजनीय वृक्ष थे। यह पानी को बढ़ाने वाले वृक्ष थे।

जब आजादी मिली तो दुर्भाग्य से सरकारी कानूनों को कुछ इस तरह आगे बढ़ाया गया कि समाज को उनसे जोड़ने की कोशिश नहीं की गई। समाजोन्मुखी बनने की कोशिश हुई ही नहीं। जो समाज इंस को पालता था, जो इस संस्कृति को बचाता, वह उदासीन हो गया। हमारे देश में पानी का ज्ञान और विज्ञान, संस्कृति, तकनीकी की सर्वाधिक जानकारी और भव्य परंपराएँ खड़ी की थीं। बराह मिहिर एक बहुत बड़े ज्योतिषी थे। आज से एक हजार वर्ष पूर्व उन्होंने एक पुस्तक लिखी। इसके 55वें अध्याय में केवल पानी की ही बात की गई है। पानी का ही ज्ञान दिया गया है। वह कहते हैं कि मैं इस सुंदर ज्ञान को यहाँ पर रख रहा हूँ, जो पुण्य को और यज्ञ को देने वाला है। साफ-साफ शब्दों में लिखा है कि धरती में कहाँ पर पानी होगा,

कहाँ पर पानी नहीं होगा। अपने देश के पहले इंजीनियरिंग कॉलेज रुड़की की बुनियाद में भी पानी का काम करनेवाले लोग ही हैं। हमारे यहाँ उत्तराखंड में कई प्रकार के पेड़ थे। लोग काटते थे और हल, कुदाल, दनेला खेती के औज़ार बनाते थे। अंगूर जाति का एक पेड़ होता था जिसकी लकड़ी बहुत मजबूत होती थी। चमोली गाँव में दसोलीग्राम स्वास्थ्य मंडल एक संस्था थी। उस संस्था के लोग इस काम को करते थे। यह पेड़ हॉकी स्टिक और खेल के जो साधन हैं, उसके लिए काम आता है। इसका ठेका खेल की एक कंपनी को दिया गया, सिमोनाइड कंपनी के नाम पेड़ों की नीलामी हुई। वहाँ के लोगों ने इसका विरोध किया और विरोध का तरीका जो रखा उसमें लोगों ने कहा कि पेड़ों पर हमारा हक है, जंगल पर हमारा हक है। जंगल हमारा मायका है, यह खत्म होगा तो हम समाप्त हो जाएँगे। उन्होंने वहाँ पर एक तरीका निकाला कि जब ठेकेदार के आदमी पेड़ को काटने आएँगे हम पेड़ पर चिपक जाएँगे। उसे कहा गया चिपको आंदोलन। चिपको आंदोलन वनवासियों के हक के लिए लड़ा गया था। मैं उस समय इस आंदोलन में सक्रिय रहा। इस आंदोलन से पर्यावरण के प्रति सोच पूरे देश में नहीं, पूरी दुनिया में बदली, यह सौभाग्य पूरे उत्तराखंड को मिला।

मैं यहाँ पर आज अपनी ओर से कुछ सुझाव दे रहा हूँ। काम करने के लिए समय हमारे पास कम बचा है। इसलिए हम शब्दों में सीमित न रहें, शब्दों को बोलते-बोलते तो सरस्वतीजी भी सूख गई। तो और शब्दों को बाँधते-बाँधते कहीं और दुःख और खतरा अगली पीढ़ी पर न जाए, इसलिए मेरा निवेदन है। हमने उपरेखाल में छोटा सा प्रयोग किया। एक छोटी सी पहाड़ी पर 12000 तालाब बनाए। हमने 133 गाँवों में 25 लाख पेड़ लगाए। मैंने अपने जीवन में 33 साल उस काम में लगाए और उसका परिणाम यह निकला कि वहाँ के 133 गाँवों में पानी और जंगल की समस्या का हल हुआ है। वहाँ के लोग आज अपनी घास के लिए, पानी के लिए, दूसरे गाँवों पर निर्भर नहीं हैं और ऐसी चौड़ी पट्टी के जंगल हमने खड़े किए जो पानी के जंगल हैं, चीड़ का जंगल हमने नहीं लगाया। चीड़ ही पिछले 200 सालों से

पहाड़ों में रोपा गया, जिससे हर साल वहाँ के जंगल फुँकते हैं। आज भी यहाँ सामने के मैदानी जंगल, साल के जंगलों में आग लगती है। ऐसे पहाड़ के जंगल गरमियों में कई किलोमीटर तक जल जाते हैं, जिससे वहाँ के पानी के स्रोत, घास और जानवर खत्म हो जाते हैं। वहाँ का पर्यावरण नष्ट हो जाता है। ऐसा न करके हमने चौड़ी पत्ती के जंगलों को लगाया, जो नमीदार जंगल हैं, पानी देने वाले जंगल हैं। हमारे जंगलों में 90 से पहाड़ों में आग एक समस्या बन गई थी। लेकिन आज तक ये बचे रहे हैं और उसके पीछे उनका नमीदार स्वभाव है। मैं कहना चाहूँगा कि उत्तराखंड हिमालय में ऐसे ही पेड़ों को लगाया जाए, चीड़ को तुरंत हटाया जाए। गंगा, यमुना को जीवन देने वाले जल स्रोतों को छोटी-छोटी सरिताओं को और अनेक तालों को संरक्षण हेतु स्थानीय लोगों का कार्यबल विशेष रूप से बढ़ाया जाए। इसके लिए देश के हिमालय क्षेत्रों के लिए जो हमारी सीमावर्ती क्षेत्र भी हैं, इसके लिए एक राष्ट्रीय महत्ता की हिमालय नीति बनाई जाए।

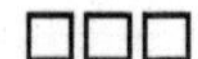